햄버거에 대한 명상

장정일 시집

햄버거에 대한 명상

오늘의 시인 총서 22

민음사

나의 스승이신 박기영 형께 이 유고시집을
— 세상의 시집은 모두 다 유고시집이지요 —
바칩니다.

차례

쥐가 된 인간   11

사흘나무 그늘 아래 쉴 때는   14

강정 간다   16

신우를 사러   20

지하 인간   24

벽돌이 올라가다   25

시집   28

걸어붙은 손   31

화물   34

간 움직인다   38

철강 노동자   41

입장권을 만지작거리며   44

물에 잠기다   48

도망 중   52

도망   55

샴푸의 요정   56

축구 선수　　60

충남 당진 여자　　62

지하도로 숨다　　65

20밀리　　68

그녀　　71

안동에서 울다　　74

물 속의 집　　78

텅 빈 껍질　　82

도망 중인 사나이　　86

방　　88

험프리 보가트에 빠진 사나이　　91

실비아 플라스에게 빠진 여자　　94

백화점 왕국　　96

붉은 신호에 걸린 여자　　103

쉬인　　106

pp. 13-35　　110

쇠꼬챙이 혹은 낙태　　130

공기 가운데 들려 올려진 남자　　133

전파 나무 나무전파　　136

델비스를 듣는 미국인들　　138

늑인　140

타숙　141

햄버거에 대한 명상　　142

아파트 묘지　　148

구매자　　150

세일즈맨의 죽음　　154

진짜 중국 영화　　157

신식 키친　　160

아빠　　162

작가 연보　　165

쥐가 된 인간

아예 잡지 못할 것 같았으면 몽둥이 휘두르지 말 것을
그만큼 정확한 나의 겨냥 피할 수 있었다니
달아난 새앙쥐는 틀림없이 왕이 될 재목이야
어느 날 금단추 자랑하는 근위병 거느리고
눈 밖에 난 반역자를 잡으러 올 테지

황급히 구원의 수화기를 들어보지만
문명은 통화중만 알릴 뿐
점점 나는 세계와 거리 멀어지고
이제 너는 갇혔다. 상상할 수 없는 어둠 속에
그리고 이곳에서는 주사위마저 운명
가르쳐주길 망설인다. 뻔뻔스레 너는
왕에게 불경했고, 그때 이미 죽었으므로

  땅 깊은 곳에서 너의 시집은 금지되고
  그들의 왕이 자신에게 대적한 인간을 얼마나 자랑스럽게 벌주는가 찬양하며
  저녁 쥐들이 춤을 춘다. 장작불 곁에서
  처녀쥐의 경쾌한 박자에 밟히거

꿇어앉은 나의 그림자도 춤춘다
그리고 나는 저 쥐를 안다
그는 이 구멍 속에서 제일가는 노래꾼
나는 형이상학적인 그의 고뇌도 안다
가인의 입술은 하나, 그는 무슨 재주로
사형수의 죽음 위로하며 어떻게 형장의 칼
함께 찬양할 수 있는가?

노래가 끝나고 나팔수의 볼이 찢어질 때
누군가 소리쳤다. 잔뜩 공포와 전율에 부풀어져
왕이시여 긍휼히 여기시길! 그날 제가
당신의 척추 잘못 내리친 것처럼
조금씩 다르기는 하지만 왕들은 모두 용서할 줄 안다
하여 나는 지금껏 흘려본 일 없는 진한 염분의 눈물로
죽음의 왕 발 씻어주고

쥐를 찍어내는 주형 속에 들어가, 오늘
만물 영장이 무섭게 짓밟히실 때
불필요한 사색과 지혜는 마구 잘리며

기름진 털은 숭숭 돋아나 또다시 평민인 쥐
네 발로 다니며 하나의 창공, 여덟 개 부엌
그 높은 삶의 문턱을 넘나들겠네

영민하게 째진 눈과 슬픈 꼬리를 달고
어머니 제가 돌아왔답니다
그러나 예전에 그를 기습한 굵은 몽둥이로
내리치지 마세요!
놀랍게도 이 왜소한 노래꾼에게도
아버지를 기다리는 자식이 생겼답니다

사철나무 그늘 아래 쉴 때는

그랬으면 좋겠다 살다가 지친 사람들
가끔씩 사철나무 그늘 아래 쉴 때는
계절이 달아나지 않고 시간이 흐르지 않아
오랫동안 늙지 않고 배고픔과 실직 잠시라도 잊거나
그늘 아래 휴식한 만큼 아픈 일생이 아물어진다면
좋겠다 정말 그랬으면 좋겠다

굵직굵직한 나뭇등걸 아래 앉아 억만 시름 접어 날리고
결국 끊지 못했던 흡연의 사슬 끝내 떨칠 수 있을 때
그늘 아래 앉은 그것이 그대로 하나의 뿌리가 되어
나는 지층 가장 깊은 곳에 내려앉은 물맛을 보고
수액이 체관 타고 흐르는 그대로 한 됫박 녹말이 되어
나뭇가지 흔드는 어깻짓으로 지친 새들의 날개와
부르튼 구름의 발바닥 쉬게 할 수 있다면

좋겠다 사철나무 그늘 아래 또 내가 앉아
아무것도 되지 못하고 내가 나밖에 될 수 없을 때
이제는 홀로 있음이 만물 자유케 하며
스물두 살 앞에 쌓인 술병 먼 길 돌아서 가고

공장들과 공장들 숱한 대장간과 국경의 거미줄로부터
그대 걸어나와 서로의 팔목 야윈 슬픔 잡아쥔다면

좋을 것이다 그제서야 조금씩 시간의 얼레도 풀어져
초록의 대지는 저녁 타는 그림으로 어둑하고
형제들은 출근에 가위 눌리지 않는 단잠의 베개 벨 것인데
한편에서 되게 낮잠 자버린 사람들이 나지막이 노래 불러
유행 지난 시편의 몇 구절을 기억하겠지

바빌론 강가에 앉아
사철나무 그늘을 생각하며 우리는
눈물 흘렸지요

강정 간다

알고 보면 사람들은 모두 강정 가고 있는 것은 아닌가
하나같이 환한 얼굴 빛내며 꼭 내가 물어보면
금방 대답이라도 해줄 듯 자신 있는 표정으로
토요일 저녁과 일요일 아침, 내가 아는 사람들은
총총히 떠나간다. 울적한 직할시 변두리와 숨막힌
슬레이트 지붕 아래 찌그러진 생활로부터 달아나기 위해
제비처럼 잘 우는 어린 딸 손 잡고 늙은 가장은 3번 버스를 탄다
무얼 하는 곳일까? 세상의 숱한 유원지라는 곳은
행여 그런 땅에 우리가 찾는 희망의 새가 찔끔찔끔 파란
페인트를 마시며 홀로 비틀거리고 있는지. 아니면
순은의 뱀 무리로 모여 지난 겨울에 잃었던 사랑이
잔뜩 고개 쳐들고 있을까?
나는 기다린다. 짜증이 곰팡이 피는 오후 한때를
그리하여 잉어 비늘 같은 노을로 가득 처진 어깨를 지고
장석 덜그럭거리는 대문 앞에 돌아와 주름진 바짓단에 묻은
몇 점 모래 털어놓으며, 그저 그런 곳이더군 강정이란 데는

그렇게 가봤자 별 수 없었다는 실망의 말을 나는 듣고 싶었고
경박한 입술들이 나의 선견지명 칭찬해 오길 기다렸다.
그러나 강정 깊은 물에 돌팔매 하자고 떠났거나
여름날 그곳 모래치마에 누워 하루를 즐기고 오겠다던 사람들은
안 오는 걸까, 안 오는 걸까, 기다림으로 녹슬며 내가 불안한 커튼
젖힐 때, 창가의 은행이 날마다 더 큰 가을 우산을 만들어 쓰고
너무 행복하여 출발점을 잊어버린 게 아닐까
강정 떠난 사람처럼 편지 한 장 없다는 말이
새롭게 지구 한 모퉁이를 풍미하기 시작하고
한솥밥을 지으신 채 오늘은 어거니가, 애야 우리도
강정 가자꾸나. 그래도 나의 고집은 심드렁히,
좀더 기다렸다 외삼촌이 돌아오는 걸 보고서. 라고 우겼지만
속으로는 강정 가고 싶어 안달이 난 지경.
형과 함께 우리 세 식구 제각기 생각으로 김밥의 속을

싸고
　골목 나설 때, 집사람 먼저 보내고 자신은 가게
　정리나 하고 천천히 따라가겠다는 구멍가게 김씨가
　짐작이나 한다는 듯이 푸근한 목소리로
　오늘 강정 가시나 보지요. 그래서 나는 즐겁게 대답하
지만
　방문 걸고 대문 나설 때부터 따라온 조그만 의혹이
　아무래도 버스 정류소까지 따라올 것 같아 두렵다.
　분명 언제부터인가 나도 강정 가는 길을 익히고 있었던
것 같은데
　한밤에도 두 눈 뜨고 찾아가는 그 땅에 가면 뭘 하나
　고산족이 태양에게 경배를 바치듯 강 둔덕 따라 늘어선
　미류나무 높은 까치집이나 쳐다보며 하품 하듯 내가
　수천 번 경탄 허락하고 나서 이제 돌아나 갈까 또 어
쩔까
　서성이면, 어느새 세월의 두터운 금침 내려와
　세상 사람들이 나의 이름을 망각 속에 가두어놓고
　그제서야 메마른 모래를 양식으로 힘을 기르며
　다시 강정의 문 열고 그리운 지구로 돌아오기 위해

우리는 이렇게 끈끈한 강바람으로 소리쳐 울어야 하겠지
　어쨌거나 지금은 행복한 얼굴로 사람들이 모두 강정 간다.

석유를 사러

싸늘한 지폐 한 장 책상 위에 놓여 있다.
초단파 수신기를 타고 칼립소 뱃노래가 들린다
그러나 여기는 추워
타오르지 않을 때는 난로마저 손과 발을 얼린다.
그럴수록 눈을 냉정히 닦고 바로 보기로 해
책상 위에 하얀 타자기
자판은 고른 옥수수알같이 박혀 있고
그것들보다 더 단정한 모습으로 지폐는 누워 있다.
아침에 나는 저것으로 쌀을 바꾸어야 한다.
그러나 어떡하지 이 밤은 겨울도 참지 못해
큰 바람 소리로 신음하고
눈물만큼의 기름이 저 난로에는 없다.

점점 한기는 예리한 창을 갈아 내 허리께를 찌른다.
예수의 죽음 확인하던 로마의 병정처럼
두 번…… 세…… 번…… 나는 빨리 결정해야 한다
석유를 사기 위해 아침을 굶기로 할 것인가
굶어죽기보다 먼저 동사할 것인가에 대하여.
원래 선택이란 좋은 잔을 마련하고 결정을 요구하지 않

는 것
  네 앞에 놓여진 잔 가운데 최선의 것을 택하면 되리라
  그렇다면, 그래. 석유를 사서 갈등이 끝난다면
  당장 사버리는 게 좋지 않은가
  약간의 석유가 겨울을 유예하고
  따뜻함이 이 저녁의 동사를 몰아낸다면
  만사 그것으로 즐겁지 않겠는가

  석유를 사기로 한다. 그러자 신의 둥근 후광인 듯
  얼었던 방은 생각만으로 더워지고
  될수록이면 상상이 식기 전에 양말 하나를 더 신고
  때 묻은 목도리를 한다.
  기름통은 신발장 근처에 버려져 있었고
  거미줄이 쳤다. 손잡이에 묻은 먼지를 닦고 들어올릴 때
  가득 채워지기 위해 한층 가볍게 들리는 기름통의 무게
  여간 즐겁지가 않다. 서두를 필요가 없을 것 같다.
  별들과 가로등 사이로 난 희미한 길을 더듬어
  서두를 필요가 없다. 나는 주유소가 바라보이는 신작로
앞에서

지나가는 차들을 천천히 보내주었다.

좀더 오래 기다리며
가슴속에서부터 더워지는 공기를 느끼고 싶기에
느릿느릿 걸어 유리로 만들어진 집
붉다란 입간판이 주인집 문패보다 큰 주유소 마당에 서서
여보세요, 여보세요, 부른다
그러면 유리에 묻은 성에보다 두터운 외투를 입은
소년이 나오지. 졸면서 기름 호스를 잡지
나는 기름이 통 속으로 빨려들어가는 것을 본다
그리고 얼마나 빨리 소년의 작업은 끝나는 것일까
계기는 오백 원이 가리키는 숫자쯤 해서 멈추고
돈을 치른다. 하지만 너는 알지 못할 것이다
그것은 유다가 스승을 팔기 위해 고심한 만큼
또한 내게 결정하기 어려웠던 몫
등을 돌리고 성에를 풀어놓은 거대한 누에 속으로
재빨리 소년이 사라지면
나는 올 때보다 천천히 걷는다

난관을 모면하기 위하여 무엇인가 시도한다는 것
그것은 얼마나 가슴 벅찬 일인가
내일 굶주린다 해도, 겨울에 따뜻해지는 일은
꿈꾸는 일보다 중요하다.
처음보다 질긴 채찍으로 바람은 내 등을 후려치지만
난로가 있어 기름통을 가지고
밤 늦게 걸을 수 있는 자는 또 얼마나 행복한가?
어느 틈에서인지 한 방울씩의 석유가 새고
몇 가 전주 너머의 너의 방이 별보다 밝게 반짝일 때
그때인가. 나는 끝없이 걷고 싶어졌다
끝없이 걸어,

동쪽에서 떠오르고 싶었다.
대지를 무르게 녹이는 붉은 해로 솟아나고 싶었다.
그러면 사람들이 뭐라고 할까. 복숭아씨 같은 입을 딱 딱 벌리며
무서운 대머리다, 불타는 기름통이다.
아아 매일 아침 내 가슴에 새겨지는 희망의 시간들을
무어라고 부를까.

지하 인간

내 이름은 스물두 살
한 이십 년쯤 부질없이 보냈네.

무덤이 둥근 것은
성실한 자들의 자랑스런 면류관 때문인데
이대로 땅밑에 발목 꽂히면
나는 그곳에서 얼마나 부끄러우랴?
후회의 뼈들이 바위틈 열고 나와
가로등 아래 불안스런 그림자를 서성이고
알만한 새들이 자꾸 날아와 소문과 멸시로 얼룩진
잡풀 속 내 비석을 뜯어먹으리

쓸쓸하여도 오늘은 죽지 말자
앞으로 살아야 할 많은 날들은
지금껏 살았던 날에 대한
말없는 찬사이므로.

벽돌이 올라가다

우리들은 얼마나 오랫동안 동네 어구의 빈 터를 이야기
했나
양지 바른 그 땅이 푸줏간 남씨의 소유라고
혹은 소문난 바람둥이 곽씨의 땅일 것이라고
지난 봄과 여름, 우리는 상상할 수 있는 온갖 소문을
그곳에 세웠지. 술주정꾼은 맥주홀을
병든 자들은 자혜 병원을 세우는 식으로
그런데 저자들은 누구인가
검은 양피의 두꺼운 책을 받쳐들고
둥그러니 둘러선 채……감사……은총……돌보심을
뇌까리는 저들은?

죄 많은 동네에 하나님이 집을 짓는다
찬송 없이 여태껏 잘 살아온 이 마을에
주의 충실한 종들이 몰려와 성당을 짓는다.
간단한 신축 미사가 끝나고
인부들이 땅을 파기 시작한다. 그런데 저들은
하나님을 지하실에 묻으려는둔
구경꾼 몰래 지구가 익혀놓은 금을 캐려는 듯

인부들은 며칠 내 땅을 파 내려가고
기초를 놓는다는 말인가
하나님도 자기 집을 땅위에 굳건히 세워놓기 위해서는
쌓기 전에 먼저 깊이 파야 한다는 것인가?

주의 종들이, 그지없이 선량한 천국의 백성들이
죄 많은 동네에 성당을 짓는다.
적벽돌의 환한 이마에 시커먼 양회를 발라
한 칸 한 칸 신의 별장을 쌓아 올린다.
마치 주스를 마시는 것처럼
정말 저 높은 곳에 어떤 자가 있어 스트로를 꽂고
벽돌을 빨아올리는 것일까. 돌아보기도 무섭게
성당은 새로운 면모를 드러내고
저녁이면 그 길고 무거운 그림자가
입맞춤 청하듯 이방인의 창문까지 늘어졌다

그리고 그것은 얼마나 높이 솟구쳤는가
모든 눈썹의 높이를 범람한 붉은 벽돌은
올라가고 올라갔다.

혹 저놈 혼자 신을 만나고 있지나 않을까
꿈속에도 깨어나 몰래 창문을 열면
그렇기나 한 듯 은은한 구름이 미완의 종루를 감추고
정오마다 새로운 벽돌이 짧은 발꿈치를 들었다.
벽돌이 올라간다, 벽돌이!
높아지는 종루를 바라보며 사람들은 이
비천한 마을에 천국으로 가는 계단이 서는 줄 알았지만
그 높이 멈춘 쯤에서 십자가 하나 눌러앉을 뿐

쏟아지는 햇살 가운데 하얀 십자가 하나
오롯이 세워질 때 나는 생각했다.
신은 하늘에 있고 벽돌이 아무리 높아진들
육체는 지상에서 견디는 것
우리 마음이 성당으로 가든, 불당으로 향하든
굴리는 대로 구르는 흔들바위를 숭배하든
필시 믿음이란 것도 쌓고 쌓아
마지막엔 자기 가슴속에 한 줌 소금을
남기는 일일 것이라고

시집

시로 덮인 한 권의 책
아무런 쓸모 없는, 주식 시세나
운동 경기에 대하여, 한 줄의 주말 방송프로도
소개되지 않은 이따위 엉터리의.
또는, 너무 뻣뻣하여 화장지로조차
쓸 수 없는 재생 불능의 종이 뭉치.
무엇보다도, 전혀 달콤하지 않은 그 점이
내 마음에 들지 않는다.

시로 덮인 한 권의 책, 이 지상엔
그런 애매모호한 경전이 있는 것이다.
그 어떤 신을 위해서랄 것도 없는.
하지만 누가 정사에 바쁜 제 무릎
위에 얄팍하게 거만 떠는
무거운 페이지를 올려놓는다는 말인가?

그래, 누가 시집을 펼쳐 들까
이제 막 연애를 배우는 어린 소녀들이,
중동에 있는 친구에게 편지를 쓰는,

아니라면 장서를 모으는 수집가의
희고 가느다란 손가락이
뒷장을 열어 출판 연도를 살펴볼까?
양미간을 커튼같이 모으며 이것
굉장하군! 감탄하는

끈끈한 조사와 형용사로 단어와 단어 사이를
교묘히 풀칠하는 당신의 시.
그따위 것을 누가 찾아 읊조린단 말인가
절정의 순간에 한 줄의 엘리엇을 읽어주어야만
만족해하는 성도착증의
젊은 부인을 위해? 혹은
강단에서 시를 해석하는 문법학자의
조심스레 미끄러지는 입술에서나
그것은 팽개쳐질까. 아무런 열의도 없이
이해하겠어요, 이 작가의 콤플렉스를?
지루하게 외쳐대는 오후의 강의 시간에나

시인과 시인이 맞붙어 싸우는 이

암호부를 이해하기 위해 우리는 얼마나 두터운
안경을 맞추어야 할까. 그리고 얼마나
마음 멍청하면 사게 되는 것이냐, 아무리 찾아도
국립극장 초대권 하나 붙어 있지 않은
이 한 권의 책을. 놔둬 버리지
서점의 제일 높은 판매대에 꽂혀
먼지가 만지도록 그냥, 놔둬 버리지
제일 아래쪽 밀대가 지나다니며
까맣게 구정물이 먹도록. 구석을 찾아
이리저리 천대받도록 그렇게 놔둬
버리지. 이따위, 엉터리의

얼어붙은 손

술주정꾼은 웅크리고 누웠다
호도나두로 짠 마루 위에
신도들의 유희로 잘 다져진 성당 흑원에
웅크리고 누워 술벌레는 꿈꾼다 한밤내
계속되는 유혹과 회의에 시달리며
술에 취하였지만 성당을 찾아오신 것은
참 잘하셨습니다. 그러나 나의 손은 얼어붙었고
남방계 천주교 성당 후원에
별들이 긴 구멍을 파며 쏟아지는 하늘 아래
호도나무로 짠 마루 위에
웅크리고 주정꾼은 꿈꾼다

이리 오시죠. 줄장미로 엮은 깊숙한 후원으로
젊은 사내는 안내했고
실은 4킬로미터를 더 걸어가야 했지요
버스는 끊기고, 4킬로미터를 맨발로.
지쳐 쉬어 갈 집을 필요로 했을 때
여기 불빛이 보인 게지요. 여우들의 움막같이
수상한 불빛이, 미안합니다. 수상한 집,

이렇게 밤늦게 당신들의 경건한. 수상한,
취사장이고 화장실이며 침실인 이곳에
하룻밤 재워주신다면

그들은 부활절 행사 준비에 열중이었고
젊은 청년이 앞으로 다가왔지 머뭇머뭇
무슨 일이십니까 물으면서. 맙소사, 무슨 일이냐고?
버스는 끊기고 무슨 일, 청년회장은
물었고. 세상살이는 융통성이 필요한 것
여관비가 없으면 성당으로 가라, 뻔뻔스레 가.
그때
골똘한 생각에 젖는 청년회장의 약간 떨리는 손
밤늦게 성당을 찾은 주정꾼 이 주정꾼은
누구인가. 내일의 행사를 주관하실 주님의 현신?
혹은 계시……계시, 그러나 어떤?
아아 방문객의 얼어붙은 손

종달새가 조롱에서 노래하는
남방계 천주교 성당 후원에 토해내고

다시 누워 꿈꾸면서 주정꾼은 입맛을 다신다
악수를 청하던 그 청년의 희고 예쁜 손
오신 것을 환영합니다, 달콤하게 웃어보이던
청년회장의 아름다운 손. 그러나
내 손은 얼어붙었지. 하룻밤
이라고 냉정한 목적을 밝히면서
호도나무로 짠 시원한 마루에 누워 토해 내는
얼어붙은 손. 별들이 긴 구멍을 파며 쏟아지는
하늘 아래 입맛을 다시고 벌컥, 토하고
다시 누워 꿈꾸는 얼어붙은 손. 얼어붙은

화물

울퉁불퉁한 근육을 가진 사내 여섯이 있어
끙끙 땀 흘리며 화물을 옮긴다 누런 골판지의 커다란
화물 질끈 붉은 비닐끈으로 묶어 맨 화물을 일요일을 뺀
일주일분의 울퉁불퉁한 사내들이 짊어지고 옮긴다
아이스 케키처럼 뜨거운 땀을 질컨히 흘리며 오뉴월 어느
아침 화주네 개집 속 해피는 잠들어 있는데
부황 든 사내들의 거친 근육을 자극하는 어떤 악정이 있어
화물은 쉴 줄을 모른다 개미가 쌀톨을 나르듯 게으르게 한 점
화물이 한 점 공룡의 등뼈 같은 흑갈색 트럭 위에 쌓이고
쉴 새 없이 쌓일 때마다 차체가 신음소리를 낸다 그러나
타이어는 알맞게 부풀어져 터지지 않고 가끔씩 하늘을 올려다보면
두 개의 태양이 여섯 사내의 등짝을 찍어눌러
도무지 땀이 멈추는 일이라곤 없다 화주네 침대 속 노랑물 든 계집은
깨어날 생각도 않는데 아버지 같은 사내들이 쉴 새 없는

화물을 옮긴다 부드러운 내장재로 수십 겹 포장한 화물 그것은
　무겁고 비릿한 인부의 누런 살은 흰 뼈와 합쳐도 너무 가볍구나
　초여름이 익는 오뉴월 몇 분간 휴식하기도 하고 번갈아 실려진 화물과
　채 실리지 않은 화물을 쳐다보며 한숨 쉬고 농짓거리하는 여섯 사내
　젊은 날 삐끗 길 잘못 들어 늙어지게 화물을 옮기는
　여간 비천하지 않은 사내들이 사철나무 그늘 혹은 화물 창고
　차양 아래 앉아 마누라가 싸준 도시락을 먹고 괄괄 입을 헹구거나
　값싼 담배 한 대를 붙여 물고서 다시 화물을 옮긴다 퉤퉤 침을
　땅바닥에 내뱉으면서 이들은 일요일에도 휴식하지 않는다
　도저히 휴식할 수 없는 것이다 화물이 쉬는 날이라곤 없으니까

위장마저 쉴 수 있는 즐거운 공휴일도 없는 법이니까 그러니까 옮길 수밖에
　묵직하고 등뼈를 엿가락처럼 휘어뜨리는 화물 손가락 발가락을
　오징어 씹듯 씹기도 하는 화물을 쉬엄쉬엄 옮긴다 버들 씨앗이 둥둥 흩어져
　눈물인 듯 떠오르는 오뉴월 여섯 사내는 땀 흘린다 화물은
　땀 흘린다 그러나 땀 흘리는 소리 들리지 않고 오직 늙수그레한
　사내들의 기력만 짜낸 다음 온통 뼛속 우유까지 쥐어짠 다음
　이윽고 실려진 화물은 또 다른 사내의 사나운 팔자를 시켜 밤새도록
　자신을 옮기게 한다 마산으로 원주로 적재된 무게는 이리로 여수로
　기분 좋게 실려 간다 단단하고 어떤 번뜩이는 것들은 달까지 실려 간다
　그러면 쓸쓸한 자리 트럭과 화물과 하루의 모든 수고가

비어버린 자리

  종일토록 땀 밴 마당엔 희미한 타이어 자국과 쓸모 없이 늘어진

  사내들이 남다 즐거운 얼굴로도 아니게 몇 마디 말을 주고받으며

  도시락 보자기나 가방 같은 것을 챙기고 구멍 난 목장갑을 전봇대에 틀어

  주머니에 쑤셔 넣는다 첫 별이 떠올라 그들의 일과 의에

  퇴근 도장을 찍었으므로 이제 검은 젖가슴의 말없는 어머니가 끙끙거리더

  여섯 사내를 흔들고 구부러뜨리고 굴려갈 것이다

  결단코 휴식을 거부했던 제7의 장소로 이 불경한 사내들을 실어 가기 위해

  안간힘 쓸 것이다 화물들 화물들 지상에 퍼질러 놓은 화물들

  누가 그것을 옮기든 상관없이 화물이 쉬는 법이라곤 없는 것이다

안 움직인다

길을 걷다가 돌이 된 아주머니를 본다
팔월은 태양보다 뜨거운데
풍경이 지루하고 짜증스레 멈춘 것을 본다
불그락 푸르락 한 영화 포스터가 덕지덕지 붙은 대구시
지정 벽보판 앞에
꼼짝 않고 멈추어 선 아주머니
물컹한 보따리를 가슴에 안은 모습과
초록색 포대기에 고개 처박고 늘어지게 자는 아이가
거칠고도 사실적인 빈곤의 냄새를 풍기고 있다

모든 것이 불려 왔다
가로수와 부서진 벽돌담, 담배꽁초
그리고 멀리 보이는 앞산마저
이 벽보판이 호명해 온 것 같다
한번 불리어 온 것은 움직이지 않는다
태양도 벽보판 앞에 불려 와 움직이지 못한다
날카로운 바늘이 모든 이름의 등을 찌르고
채집 상자 속의 곤충처럼
이 앞에 모아놓았다. 여기서는 냄새가

난다 세계가 썩는 냄새가
끈질기고 집요하게 벽보판은 보여준다
엎드리고
헐려대고
나신으로 말을 탄 채 달리는
여배우를 그리고
배신, 고독, 욕정, 비련 같은 단어가
비스듬히 보인다 어쩌면 그런 비루한 낱말들이
우리를 이 지상에 묶어두는지도 알 수 없이

변두리 버스 정류소 앞에
낙타같이 서 있는 아주머니
등짝이 불룩하게 아이를 짊어진 아주머니
포대기에 묻힌 아이의 번질한 대머리는 주욱
뒤로 늘어지고 아무도 보이지 않는가
여기가 사막인가?
넓고 환하고 전갈 하나 보이지 않는다.
우유에서 지방분을 뺀 이 풍경은
생에서 공포가 제거된 다음의 짜증스런 세월을

보여준다 짧은 목을 세우고
수면의 껍질에 쌓인 아이가 깨어나 칭얼거릴 때
멀리 버스 오는 소리가 들린다. 어쩌면 버스 소리에
태아가 놀란 것도 같이, 아무것도 아직은
움직이지 않는다. 일순간, 그러나
아주머니의 어깨가 흔들리고 휙
벽보로부터 등을 돌린 후 물찬 제비같이
버스에 올라버린다. 아지런거리는 먼지 맛이
텁텁하다 나는 훅 숨을
들여 마셨다 먼지가 가라앉을 때

그리고 어질해졌다.
움직인 것이 없다 모두에게
한순간 멈추고 움직이는 일이 당연한 것
풍경이 움직이지는 않는다
벽보는 안 움직인다. 미동도
하지 않는다. 짜증스레 나는
살아 있다

철강 노동자

받아쓰십시오. 분위기 있는
조명 아래 끙끙거리며
좋은 시를 못 써 안달이 나신
시인 선생님.

나의 직업은 철강 노동자
계속 받아쓰십시오. 내 이름은
철강 노동자. 뜨거운 태양 아래
납 덩이보다 무거운 땀방울을
흘리는 철강 노동자

당신은 생각의 냄비 속에
단어와 상상력을 넣고 끓인다지요
눈물 방울은 넣었나요 그리고
달콤한 향료는?
망설이지 말고 당신 이모님과의
사랑 이야기도 살짝 섞으십시오.

여보세요 시인 선생

나는 냄비에 시를 끓이지는 않는다오.
적어도 내가 시를 쓸 때는
거대한 용광로에 끓이지요
은유와 재치 따윈 필요도 없다오.

내가 좋은 쇠를 만들 때 필요한 것은
한 동이의 땀과
울퉁불퉁한 근육. 그것만 있으면
곡마단의 사자처럼 쉽게
온갖 쇠를 다룰 수 있지요.

조금더 받아쓰십시오.
내가 얼마나 쓸모 있는 시를 쓰는지
지금 끓이는 한 덩어리의 주석이
바로 당신이 받을
원고료 한 닢!

자 그러면 내 이야기를 써
주시겠오 시인 선생?

써주신다면 나도 가만 있을 사람은
아니라오. 그 대가로
영원히 닳지 않을 펜촉을 만들어 드리지요.
그 일은 아무 풋내기나 할 수 없는
무척 어려운 일이랍니다.

입장권을 만지작거리며

여러 개 주랑으로 만들어진 대리석 건물
대리석 회관, 막 내가 들어선 회관
극장표보다 두 배나 비싼 값을 치르고
경건한 심정으로 조심조심 들어서는
연극 회관. 신중히, 그렇다 입장객들은
예의를 갖추어 자기 발끝으로 바닥을 끌어모은다
영화관의 이층 낭하를 뛰어오르듯
아무도 쿵쾅거리지 않는다

무슨 일을 보여줄 건가. 대리석으로 세운
무덤. 돌 속의 무덤, 연극전용 회관에서
이제 곧 무슨 일이 벌어지려는 건가.
이미 많은 실연을 했고 너무 많은 것들을 나는
보아버렸는데? 자비롭게도 거대한 막이
아직은 무대 뒤편을 가려주고 있다
보이는 것은 붉은 막의 상단과 하단에 씌어진
싹싹한 광고들. 새로 나온 약용 치약과
수입 영양제 따위의 장식체 문구들

퇴락한 사원같이 여기는 너무 적막하고
고요하다. 몇몇은 무릎 위에
프로그램을 펼친다. 그러면 엉뚱하고 생경스럽게
불쑥 튀어오르는 작가의 사진.
실험이란, 천국에 가기 위해, 모든 예술가들이
따먹지 않으면 안 될 쓰디쓴 열매. 어쩌구 하며
끝을 맺는 알지 못할 인사말

무겁게 가라앉은 천장과 기괴한 희랍의 조각들
분명 어떤 짓누르는 분위기가 여기에 있는 것 같다.
뭐랄까 예술을 수호한다는
광기 혹은 순교랄까. 입맛이 씁쓸하다
그런 허울이 나를 속이고 있는 상술인지도 모르거니
입장권을 만지작인다. 어색하게
차라리 구주희 놀이나 하며 즐길 것을
독주를 마시며 주말 저녁을 외르이 셀 것을
어린 시절에 먹었던 건포도 식빵같이 고분히
관객들은 의자에 박혀 있다 띄엄띄엄

깊은 바다에서 갓 건져 올린 푸른 얼굴로
누군가 등장한다. 갑자기 왼쪽 출구에서 사내가
튀어나온다. 탁탁 손바닥에 둥글게 말아 쥔
종이 뭉치를 치면서, 조명 어떻게 된 거야?
무대가 좁은 느낌인데, 어때?
잠시 무대 뒤편이 술렁이고 막이 열린다.
오늘의 주인공은 여성 의상 수집광과
구세주이면서 타락한 교부인 지리산 뱀 장수
그리고 너무 일찍 성처녀가 되고 싶은 어린 소녀
홀랑 까져, 삶은 속기 위해 기다리는 순간예요
외치는 열세 살의 소녀. 어라 얼싸, 잘 놀아난다
세대 차이도 없이!

가끔씩 우상이 만들어진다. 여기서
하지만 볼 만한 희극도 비극도 이젠 상연되지 않는다
한때 숱한 영웅들이 이 무대 위에서
자신의 운명 결정하곤 했지만
오래전에 세계는 지긋지긋해졌다. 겨우
동성연애자, 보험 가입자, 개업한 정신과 의사

따위가 우리들의 배우. 우리들에게 맡겨진
비역인 것. 수박만큼 두 눈을 크게 치뜨더라도
여기 없는 주인공을 나는
찾을 수 없다

물에 잠기다

문명은 사라질 것이다
쿵쾅거리는 전쟁에 의해서가 아니라
소리 없는 침략에 의해,
인간 의지에 의해서가 아니라
자연의 의지에 의해
문명은 일소될 것이다

언젠가 들었던 적이 있던
전설의 대륙 아틀란티스가 그랬듯이
지각 변동에 의해,
우리는 익사할 것이다. 물론
모든 사람이 다 잠수 헤엄을 좋아하진 않겠지
전하께선 마른 풀밭에 누워 쉬고 싶으시겠지
예쁜 어린이와 한번 더 가고 싶으시겠지
그러나 장엄하여 이 구경도 괜찮다
서서히 바지를 벗으며 대륙이
바닷속으로 미끄러져 들어갈 때

그때, 목소리 좋은 아나운서들은

실컷 지껄이게 되겠지
세계의 모든 방송국들은 열나게
구조 신호를 발신하겠지
익명의 신에게,
또뚜따 뚜뚜따 뚜뚜또 뚜뚜떼
그러나 신은 이 우주에
한 백억 개쯤의 지구를 지어놓고 즐기시나니
이 재미를 놓칠 리가 없다

제일 먼저 뜰 앞의 채송화가 젖겠지
그 다음엔 개들의 집이 젖고
잔뜩 물을 먹은 순하고 유순한 개들이
지금껏 자신이 지켜준 주인을 찾아
미친 듯 현관문을 긁어대리라
딸깍 뜯깍 딸깍 꺽 꺽 꺽
점점 물은 불어나 담벼락의 낙서가 젖고
나는 은희를 사랑한다
몰래 쓴 낙서가 지워지고
그녀의 아랫도리도 통통하게

물에 터져 불어 오를 것이다

그리고 사자의 배고픈 울음같이 해일이 덮치며
참나무로 만든 교탁과
법정의 육중한 출구를 적시고
서가에 꽂힌 자랑스런 책들을 부풀게 하고
예수쟁이가 주여 주여 벌리는 목구멍에 콸콸콸 짠물을 처넣고
끝으로,
반짝이는 교회 첨탑을 집어
삼키겠지

모든 것은 잠기리라
지각 변동에 의해
세계는 물에 잠길 것이다
그러고 나면 무엇이 더 세상에 남을까
약삭빠른 놈은 재빨리
비늘을 달고 지느러미를 달고
아가미를 만들어 달겠지 제 몸을 잔뜩

웅크려 유선형이 되겠지 아아
도미 쏘가리 대구 명태 꼴뚜기
세상엔 비린내 나는 것들만 가득 살아
물고기의 말을 해대겠지

거기서도 법률은 남으리라
바다의 생물에게조차
교육과 종교는 있으리라
아아, 아아, 아, 아, 살료쥬 살류쥬!
악착같이 물귀신 같은 거짓된 왕들은 살아나리라
냐야, 냐, 냐, 냐라늬까

도망중

한 사나이가 있다. 그는 도망중이었다.
한 사나이는 새침한 여자와 만난다 그녀는
예뻤고 그녀는 귀여웠고 도망중이었고
사나이는 그녀가 좋다. 한 남자가
한 여자를 사랑할 때, 사내는 매일
구두를 반짝거리게 닦지요 붉은 장미를
사시요 비 오는 공원에서 기다리지요.
그러던 어느 날 사내는 그녀에게
구혼을 한다. 그들은 결혼을 하고 신접
살림을 차린다. 그 살림은 도망중이었다.

한 사나이가 있다. 그는 묻는다
한 사나이가 있다. 그는 아내에게
묻는다. 아직 소식이 없어, 왜 그렇지?
그날 밤 남자와 여자는 한번 더 간다.
아직도? 남자와 여자는 한번 더 간다.
아직도? 한번 더 간다. 아직도? 아직도야?
사나이는 초조해서 유순하고 순한 개 한 마리를
사온다. 사나이는 메리라고 부르며 그 개의

목을 끌어안는다. 그때 메리는 그 사내의
강한 팔뚝 속에 있는 것 같아 보인다 그러나
그 개 또한 도망중이었다.

한 사나이가 있다. 어느 날 그는
아내의 뺨을 한 대 갈긴다.
기분이 언짢아 갈긴다. 아내는 울음을
참고 따진다. 메리가 누구예요, 메리가 대체,
메리가 누구냔 말예요? 사나이는 대답
하지 않는다. 그제서야 아내는 운다.
한 구석에 구겨져서 조용히 운다 울며
아내는 짐을 싼다. 다시는 돌아오지 않겠어요
아내는 짐을 싼다. 깨끗이 끝장 내기로 해요
그러기에 두 사람이 함께 도망 다니는 일은 힘이
든다. 그들은 이제 따로 도망하기로 한다.

그러던 어느 날 아이가 태어난다. 도망중에
무관심중에, 고대중에, 기다리고 기다리던 그
어떤 시간 중에, 불어오른 메리

몸에서 아이가 태어난다. 사나이는 돈을 지불
한다 돈을 준다. 메리는, 내가 키우겠어요
요만큼 가지고는 어림없어요! 물론 사내는
좀더 준다. 그리고 아카시아향에 젖은 아이
무죄에 쌓인 아이와 홀로 산다. 살며
사나이는 발가벗은 아이의 몸뚱이를 꼭 껴안아
자기 귀에 대어본다. 심장이 뛰는 소리가 여리게 들
린다.
확, 확, 확, 확, 확, 아이는 저 혼자 도망하고 있었다.

도망

도망가서 살고 싶다
정일이는 정어리가 되고
은희 이그는 은어가 되어
깊은 바닷속에 살고 싶다

샴푸의 요정

사내는 추리극장이 싫다. 국내 소식이
싫고 운동 경기가 싫고 문제의 외화가
싫다. 안 본다. 그리고 방송 출연하는
많은 다른 여인들이 역겹다. 나는 그녀만을 본다.
여덟시 반의 그녀를 기다린다. 보시겠습니까
15초 동안 그녀는 샴푸 회사를 위해
광고하지요. 보시겠습니까

그녀는 인사를 잘한다. 안녕하세요
그녀는 미소 띠며 속삭인다
파란 물방울 무늬 잠옷을 입고
그녀는 머리를 감아보인다. 무지개를 실은
동글동글한 거품이 티브이 화면을 완전히
메운다. 그러면 샴푸의 요정이 속삭이는 거지
새로 나온 샴푸, 당신이 결정한 샴푸라고
향기가 좋은 샴푸, 세계인이 함께 쓰는 샴푸
아마 당신은 사랑에 빠질 거예요
라고 속삭이는 것이지

미용주식회사가 있다. 아시아 굴지의
미용주식회사가 있다. 그리고
우리들에겐 요정이 있다. 현존하는 유일한 요정
매일 저녁 여덟시 반, 티브이 화면을 찢으며
우리 곁에 날아오는 샴푸의 요정. 그녀는 15초 동안 지껄이고
캄캄한 화면 뒤로 사라진다. 여덟시 반
매일 저녁 여덟시 반에는 그녀가
출연하는 광고가 있다. 기다려주세요

광고가 끝나면 사내는 무기력하게
티브이를 꺼버린다. 매일 저녁 15초가 필요할 뿐
사내는 사진을 들여다본다. 짝사랑하는
그녀 사진을 사내는 모은다. 방에 붙이기도 한다
흰 이를 드러내고 웃는 모습. 수영복을 입은 모습
승마복을 멋지게 입은 사진을 그는 모은다.
그리고 칼을 대어 잘라낸다. 샴푸의 요정이
어느 영화에 출연해서 보여주는
곧 입술이 닿으려는 찰나의 남자 배우 입술을

면도날로 잘라낸다.

선전 문안이 들끓는 밤 열한시
나지막이 샴푸의 요정이 속삭이지 않는가
그녀의 노래가 귓전에 맴돌지 않는가.
쓰세요, 쓰세요, 사랑의 향기를
느껴보세요. 그리고 그녀의 약속이
가슴속에 고동치지 않는가. 오늘 밤
당신을 찾아가겠어요, 광고 속에서
그녀는 약속했었지. 욕망이 들끓는 사내의 머리통

옷을 벗는 요정. 담뱃불 자국이 송송한 소파에
비스듬이 눕는 요정. 신비스레 신비스레
가라앉는 요정. 뜨거운 입술로
이리 오세요 예쁜 아기, 속살거리는 요정
환영이 들끓는 밤 열두시, 이윽고 샴푸의 요정은
그의 머리를 끌어당겨
냄새를 맡아본다. 제가 권한 것을 쓰셨겠지요
물론 그리 하셨겠지요?

0시 삼십분. 사내는 샴푸가 아닌
다른 이야기가 하고 싶다. 무언가
시도하고 싶다. 그러나 그녀는 실내화를 끌며
얼마나 잽싸게 달아나는가. 참 잘하셨어요
샴푸는 역시 우리 것이 최고랍니다. 계속
애용해 주세요. 분홍빛 잠옷을 끌며
샴푸의 요정은 사라진다. 아아
좀더 있어주세요! 좀더!

꿈에서 깨어나
사내는 타자기를 두드려댄다.
딱딱딱딱딱
굴지의 미용주식회사가 있다.
그리고 현존하는 유일한 요정은
샴푸 요정이다.

축구 선수

무지하게 노력했어요 그랬어요
나는 차버리려고 노력했어요
차버리려고 차버리려고 차버리려고
경기장 밖으로 그래요 나는
경기를 중단시키고 싶었어요

노려보지 마세요 나는
뛰고 달리고 고꾸라졌어요
당신이 던진 공을 차버리려고
아니 나는 받아냈어요 당신이 주는 패스를
잘도 받아냈어요

하하 웃는 당신을 이기기 위해
죽도록 노력 노력 노력했어요
그러나 언제나 돌아오는 당신 뻔뻔스런 당신을
다시 걷어찼어요 삶의 뱃가죽이
터지라고 차냈어요

여러분 나는 축구 선수가 아닙니다

그런데 대일 내 발밑으로 공이 굴러듭니다
이글이글 불타 오르는 태양!
아무도 경기를 중단시키지 못할 거예요
아무도 중단시키지 못할 거예요

충남 당진 여자

어디에 갔을까 충남 당진 여자
나를 범하고 나를 버린 여자
스물세 해째 방어한 동정을 빼앗고 매독을 선사한
충남 당진 여자 나는 너를 미워해야겠네
발전소 같은 정열로 나를 남자로 만들어준
그녀를 나는 미워하지 못하겠네
충남 당진 여자 나의 소원은 처음 잔 여자와 결혼하는 것
평생 나의 소원은 처음 안은 여자와 평생 동안 사는 것
헤어지지 않고 사는 것
처음 입술 비빈 여자와 공들여 아이를 낳고
처음 입술 비빈 여자가 내 팔뚝에 안겨주는 첫 딸 이름을
지어주는 것 그것이 내 평생 동안의 나의 소원
그러나 너는 달아나버렸지 나는 질 나쁜 여자예요
택시를 타고 달아나버렸지 나를 찾지 마세요
노란 택시를 타고 사라져버렸지 빨개진 눈으로
뒤꽁무니에 달린 택시 번호라도 외워둘걸 그랬다
어디에 숨었니 충남 당진 여자 내가 나누어준 타액 한

점을
  작은 입슬에 묻힌 채 어디에 즐거워 웃음 짓니
  남자와 여자가 만나면 두 사람이 누울 자리는 필요없다고
  후후 웃던 충남 당진 여자 어린 시절엔
  발전소 근처 동네에 살았다고 깔깔대던 충남 당진 여자
  그래서일까 꿈속에 나타나는 당진 화력 발전소
  화력기 속에 무섭게 타오르는 석탄처럼 까만
  여자 얼굴 충남 당진 여자 얼굴 그 얼굴같이
  둥근 전등 아래 나는 서 있다 후회로 우뚝 섰다
  사실은 내가 바랐던 것 그녀가 달아나주길 내심으로 원했던 것
  충남 당진 여자 희미한 선술집 전등 아래
  파리똥이 주근깨처럼 들러붙은 전등 아래 서 있다
  그러면 네가 버린 게 아니고 내가 버린 것인가
  아니면 내심으로 서로를 버린 건가 경우는 왜 그렇고
  1960년산(産) 우리 세대의 인연은 어찌 이 모양일까
  만리장성을 쌓은 충남 당진 여자와의 사랑은
  지저분한 한 편 시가 되어 사람들의 심심거리로 떠돌고

천지간에 떠돌다가 소문은 어느 날 당진 여자 솜털 보송한
　　귀에도 들어가서 그 당진 여자 피식 웃고
　　다시 소문은 미래의 내 약혼녀 귀에도 들어가
　　그 여자 예뻤어요 어땠어요 나지막이 물어오면
　　사랑이여 나는 그만 아득해질 것이다 충남 당진 여자
　　이름이 떠오르지 않는

지하도로 숨다

공습같이 하늘의 피 같은 소낙비가 쏟아진다
그러자 민방위 훈련하듯 우산 없는 행인들이
마구잡이로 뛰어 달리며 비 그칠 자리를 찾는다
나는 오래 생각하며 마땅한 장소를 물색할 여유도 없이
가까운 지하도로 내려가 몇 분쯤 비를 피하기로 했다
계단에서부터 달싹한 무드 음악이 내리깔리는 지하도
비 한 방울 스며들지 않는 지하도가 믿음직스럽다
언젠가 그날이 와서 몇십만 메가톤의 중성자탄을 터트
린다 해도
사십 일간의 홍수가 다시 진다 해도 끄덕하지 않을 지
하도
나는 느릿하게 지하도의 끝과 끝을 거닌다
검둥개라도 한 마리 끌고 다녔으면 그 참 멋진 산보일
것인데.
슬금슬금 윈도를 훔쳐보는 나에게 어린 점원들이
들어와 구경하시라고도 하고 어떤 걸 찾으세요 묻기도
한다
각종 의류며 생활 용품 그리고 식당에서 화장실까지 거
의 완벽한 지하도

그러면 이런 공상을 해보기도 한다. 이곳에서 여자 만나
연애하고 아이 낳고 평생 여기 살 수도 있을 것이라
고……
바깥에서 비가 그쳤는지 어떠한지 도무지 여기서는 알
수가 없다
도무지 바깥의 기상을 알 수 없는 여기는 무덤인가
장신구며 말이며 몸종과 비단 옷감이며 씨앗 단지들
그 많은 부장품을 함께 매장한 여기는 고대인의 무덤
인가
지하도의 끝에서 끝으로 한번 더 걸으며 윈도에 비친
얼굴을
쳐다본다. 창백해진 얼굴, 아아 내가 이 무덤의 주인인
가?
그러고 보니 이번에는 아무 점원도 나를 불러 세우거나
묻지 않는다
그래 나는 유령 이제는 비가 그쳤기도 하련만 지상으로
올라가기가 싫다
이렇게 할 일 없이 걷다가 방금 내려온 친한 친구라도
만나면

반갑게 악수하면서 모르는 지상의 이야기를 듣고 싶다
아니 감쪽같이 숨어 있고 싶다 사흘을 여기 숨었다가
계단을 밟고 집으로 돌아가 보는 재미도 괜찮으리라
전화도 전보도 없이 사흘간을 아무 연락 없이 잠적해 버리면
어머니는 얼마나 슬퍼하시련가 두 번이나 나를 체포하고 고문한
내가 가장 싫어하는 파출소 같은 데다 실종 신고를 내시지는 않을까.
하지만 나는 유유히 돌아가리라 그리고 나는 부활했다
휘황찬란한 백 촉 전구가 불 밝히고 늘어선 문명의 무덤을 걷어차고
나는 슻아올랐다. 들어라 나는 개림 예수라고 소리치면
사람들은 믿을 것이다 안 믿을 것이다 아마 믿을 수밖에 없을 것이다
안 믿을 수밖에 없을 것이다 아아 믿거나 말거나
비를 피해 나는 지하도로 숨은 적이 있는 것이다

20밀리

도시 가운데 거대한 칸막이가 있다
유리로 만들어진 거대한 칸막이가
그러나 자세히 보면 그 칸막이는
칸막이가 아니라 통행 가능한
두께 20밀리의 유리문이다

유리로 만들어진 거대한 문
이 문에는 주인이 없다 그 대신
유리로 만든 명확한
사용 규칙이 있다
누구나 사용할 수 있다는 것
그것이 유리로 만든 그 문의
헌법이었다

누구나 사용할 수 있는 문을 열고
한 사람이 들어간다 그러면
소리 없이 잽싸게 닫히는 문
그러나 열고 나올 수 있는 문
정기적금통장에 입금을 시키거나

무이자 융자 의뢰서를 기입하고서
안내양의 안내를 받으며
누구나 다시 나올 수 있는
자유스러운 문

그 문 밖에 노인 하나 쭈그리고 있다
걸인이라고밖에 할 수 없는
비천한 노인이 끄덕끄덕 졸며
손바닥 같은 햇볕을 쪼이고 있다
누구나 사용할 수 있는 문을
통행 불가능한 칸막이로 착각한 거지 노인이
잘 닦여 반짝이는 두께 20밀리 유리
문 밖에서 고집스레
죽음을 맞이한다

그러곤 대머리 벗겨진 은행장이
두께 20밀리 유리문 속에서
자신의 주식회사 사원에게 명령한다
불온한 사상을 가진 저 시체를 치우라고

누구나 사용할 수 있는 문을 사용하지 않은
헌법의 존엄성을 모독한 저 노인의
건방진 시체를 불태우라고
넥타이를 맨 특전 병사에게 명령한다

그녀

그녀는 차차를 춰요
그리고 왈츠를
기분이 좋을 땐 룸바
화가 날 땐 탱고
심심하든 삼바를 추지요

그녀는 춤의 대명사
열다섯에 사교춤을 익히고
열여섯에 탈춤의 어깻짓을
디스코에 응용하려 했지요
그리고 방년 열일곱에
제1 방송국 전속 무용수가 되죠

그녀에겐 애인이 있어요
매일 수염 자라나는 스무 살의 남자가
어느 날 종로를 걸어가는데
그가 다가와 한마디 한 거예요
이것 봐 하룻밤 놀지 않겠어?
그리고 칙, 담배를 피워 물었지요

그것뿐이에요
요사이는 구질구질하지 않거든요
그리고 그녀는 그가 좋았어요
둘이 팔짱 끼고 걷는 중에도
얼마나 많은 여자애들이
그를 찝적거리는지
한눈이라도 팔면 금방 그를
놓쳐버릴 듯했죠

그녀는 열여덟 살!
작은 아파트를 얻어
방금 말한 그 남자와 살림을 차려요
하지만 생활비는 그녀가 벌어 오죠
왜냐하면 그이는 직장을 갖지 않아요
구속당하는 걸 싫어하는 성미거든요

눈꺼풀이 내려앉은 그녀는 삼십 세
고급 술집의 밀실에서
스트립 춤을 추며 그녀는 아직

그 남자와 살고 있지요
몰래 도망쳤다가 번번이
머리끄덩이가 잡혀 돌아오고
죽지 않을 만큼 주먹다짐을 받으며
매일 욕설을 얻어먹으며
그렇게 사랑을 갈취당하면서
어쩔 수 없이, 당연하게

그녀는 차차를 춰요
그리고 왈츠를
기분이 좋을 땐 룸바
화가 날 땐……

안동에서 울다

언젠가 왔던 듯한 도시. 산림이
벽처럼 둘러쳐진 한국의 중북부
낮은 건축 사이로 울긋불긋한
바람이 지나가고 몇 개의 아이스크림
껍질이 흙먼지와 섞여 나른다. 중북부
누구나 이런 소도시에 오면 미국이
얼마나 큰 것인지를 생각해도 좋으리라.
여기에도 코카콜라를 마셔대는 갈증 난
목구멍이 있고. 문제의 외화를 보는 호기심이
있고. 쾅쾅 울리는 팝송이 있으니

중북부의 소도시. 어딜 가나
한국의 찻집에는 중년들이 있다.
정치적 예언가 역할을 즐기는 중년 신사가 있어
개혁 세력, 후계자 또는 한 재벌 기업의 어이없는
무너짐에 대하여 진단하고 의심하고 예언한다.
그 어딜 가나 한국에는 책임감 없는 논객이 있다.
세상 모든 사람이 행복해지기 위해서는
세상 사람 모두가 부르주아가 되면 될 것이라고

호탕하게 껄껄거리는 중년이 있다.
한국의 어느 도시엘 가나 문제가 있는 곳에
문제의 중년이 있고 추문이 있다. 나이 먹은 추물이

벌써 이곳의 어린 소녀들도 유행의 소매
끝으로 손등을 덮고 다닌다. 유아기적인 것과
가까워치려는 최근의 문화 양식이 이곳
계집아이들의 손등을 덮쳐 누르고 있다.
계집의 손등만 아니라, 모든 도시는 서울화.
모든 도시는 〈최근의 서울화〉인 것. 언제나
끊임없이 서울식의 삶을 반추해야 하는 소도시
출세를 결심한 자들이 칼을 갈며 떠나간
텅 빈 소도시로 서울이 덮고 남은
절정 없는 밤이 내려 깔린다.

그러면 유격 훈련에 임한 신병같이
한번씩 아내의 이름을 부르고. 첫딸의
이름을 부르고. 낯선 소도시를 무대로
비장한 상술을 벌여놓은 약삭빠른 장사치들이

실비의 여관을 찾는다. 서적 외판원이며
남성향수 외판원. 캘린더 주문배수원들이
하나. 둘. 값싼 여관을 찾는다. 소도시의
3류 여관에서 출세한 자들의 서울에서 탈락한
뜨내기 서울내기들이. 하루의 피곤을
풀처럼 눕히리라.

언젠가 왔던 듯한 도시. 산림이
벽처럼 둘러쳐진. 한국의 중북부
거기에 싸락눈처럼 잠이 떨어진다.
그러나 잠들지 못하는 회한도 있으리라.
  내가 왜 여기까지 왔지? 여기가
  어디지? 끝? 끝?
  그래 너는 이제 끝이야. 외판원이
  너의 끝이야. 네 삶의 끝이야!
  베개 속에 얼굴을 묻고
  사나이는 울어버린다. 중북부의 외진
  소도시가. 썰렁한 소도시의
  초라한 여관의. 꿉꿉한 이불이

다 큰 사나이를. 서울내기 사나이를
울려버리고 만다.

물 속의 집

냇물 속에 집이 있다
냇물 속의 집은 물풀에 쌓여 아늑하고
잘 씻은 자갈 위에 기초 놓아
튼튼해 보였다. 그리고
어질고 순한 꽃게와 송사리떼가
물 속의 집을 들날락거렸다
언제나 나는…… 물……
속의 집에 가고 싶었다. 그
집에 들어가 밀린 때가 굳은
등짝을 밀고 싶었다

그리하여 어느 날
바짓단을 무릎까지 걷고
물 속으로 첨벙 뛰어들어
문을 연다. 물의 고리를 잡고
문을 연다. 열리지 않는다
문도. 물도. 도무지
열리지 않는다. 어리석은
심사에는 내가 열려는 문고리가

물에 실려 자꾸 떠내려가는 듯이
보였다. 아니면
출렁이며 물 무늬가 생기는 만큼
열어야 할 문이
새로 만들어지는 것일까? 그래서
못다 연다는 것일까. 또는
물 속의 집 속에도
왼쪽 목에 무서운 칼집을 가진
나와 같은 한 불행한 청년이 있어
내가 당기는 문을 맞잡고
물 속의 문을 잡아당기고 있는 것인가

언제나 나는, 갈 수 없는 집에
가고 싶었다. 그러나 문은 열리지 않고
집은 점점 붉게 흐린 황혼 속으로 깊어졌다
그리고 연꽃 송이가 불타오르듯
하나. 둘,
물밑에서부터
별들이 돋아났다.

무심코 고개를 들었다
나는 하늘을 올려다보았다
그때, 물 속에 잠겨 있던 집이
수천 허공을 가로질러
앞산 중턱에 날아가 박혔다.
험한 산
아궁이 지피는 불쏘시개같이
끝이 까만 나무들이 우뚝우뚝 솟은 산중턱에
물 속의 집이 있었다.
아, 모든 건 환영이었구나!
나는 무안해서
물에 젖은 발목을 마른 흙에
비벼 닦았다

갑자기 그 집에서 울리는 듯한
개 짖는 소리가 이오처럼 들렸고
밥 타는 매캐한 냄새가
코끝을 끌어당겼다.
그렇습니다

나르시스가 살러 간 것같이
우리가 믈 속에 집 지을 수는 없습니다

텅 빈 껍질

1

우리들은 잃어버린 게 없다
모든 것은 너희들이 분실했으므로
더 이상 우리는 빼앗기지도 않으리
실과(失果)* 이래 자라난 우리는 망명 세대
다가서지 않은 미래로부터도
쫓겨났다

농한 사과 냄새가 코를 찌르지만
알맹이가 여기에 없는
너와 나는 껍질
대한민국은 하나의 껍질
세계는 머리가 텅 빈 거대한 껍질에
지나지 않는다

이 마천루 숲에는 저능아들이

---

* 아담과 이브가 선악과를 따먹은 것.

낙원이 돌수된 세대가 산다
벌기 위해 먹으며 그들은 밤마다
숙녀의 음란증을 수술한다
심약한 소수가 있어
루터란 타워에 숫자판을 맞추지만

강요가 아니라, 우리들은 전혀 순수하고
자발적인 무의식으로 믿는다
성스럽고 상스러운 성이여
내 십자가엔 그리스도가 없다
모든 십자가로부터 목수의 어깨에 뜯어내라
가랑이 벌린 여인이 거꾸로 매달린
이것은 새로운 십자가. 자꾸자꾸
나는 거기 입맞춘다

2

학교에서 세상을 배우고 있을 때

세상에서는 어떤 일들이 벌어지는 걸까
국민학교가 죽는 긴 종이 울리고
아이가 돌아온다. 집에는
아무도 있을 것 같지 않다 까닭은
모든 어머니에게서 사랑이 떠나갔기 때문
그러면 다락에 계신 아버지에게
네 가지 질문을——
밥은 왜 인간을 만들었나요?
자궁 속에 있을 때 나는 무엇이 되고 싶어했나요?
모를 일 맹세코 모를 일
무엇하러 이따위 글줄을 나는 여기
적어야 하는가, 코딱지나 떼면서?
대답하라 매일의 톱뉴스가
왜 이 꼴인지에 대하여?

침묵하는 자는 용서받을 수 없다
그래서 나는 질문했다
끊임없이 떠벌인 자는 용서받는다
끊임없이, 혀가 삐지도록!

하지만 헉심은 모호하다
이념에 대하여는 너무 많은 책들이 씌어졌다
하므로 저술가들은 용서받지 못한다
그들은 질문하며 발뺌했기에

하얀 모조 낭하를 따라 나는
올라간다 아무데나 입당 원서를 내팽개치고
회전반에 판을 건다 그리고
sweet sweet sweet love, 노래를
듣는다 사랑만 유일한 희망
눈물을 나누어 마시며 따라 부르자
sweet sweet, 우리는 baby, 마지막
세대를 sweet, 물려받았다
세계는 텅 빈 껍질에 불과하지 않은가

도망중인 사나이

도망중인 사나이는
밥을 먹는다 밥을 먹고
물을 마신다 도망중인 사나이는
여유를 부리며 생선 살점이 묻은 이빨
사이를 조심스레 후벼낸다 그리고
오전에 하고 남은 잡무를 처리하며
한차례 신경을 쓴 다음 다시 먹어댄다
늦은 저녁 식사를 마친 다음
도망중인 사나이는 잠을 잔다
겁도 없이 잠을 청한다 심장에 털 난 이 사나이
잠에 빠지면 그 잠이 깊고
강력계 형사가 수갑을 채울 만큼 깊고
그 잠속에서 한두 장면의 꿈도 꾼 다음
일어나 하루의 계획을 세운다
천천히 커피를 만들어 마시며
중도좌익지를 게으르게 뒤적이며
(요즘 와서 중도좌익지가 따로 있는 것도 아니지만)
담배 한 대의 연기를 들여 마시면서
사나이는 조금도 서두르지 않는다

마치 도망 다닐 이유가 없다는 듯이
태연하고 능청스런 이 사내
그러나 훔치지 않았다고 해서
절도범이 아닌 것은 아니다
그것은 누구나 아는 사실이고
숱한 재벌들의 총수가 인정한 사실이고
살인하지 않았다고 살인범이 아닌 것도 아닌 것이다
그것은 중국인 갱들이 아는 사실이고
그것은 더러운 필리핀 정치가도 아는 사실이고
강간범이 아니라고 해서 모든 남편들이
무죄라고 말하지 못할
그런 사실이기도 한데
대체 이 사나이는 철저히 어기적거리며
자신의 결백을 항변해 보이겠다는 수작인가?
도망중인 사나이는 뻔뻔스럽게 사지를 꼬굴대며 직장으로 간다
휘바람을 휘휘 불며 간다
가증스럽지 않은가 독자들!
도망중인 사나이는 시민이었다

방

방이 하나면
근친상간의 소문을 무릅쓰고
어머니와 아들이 함께
지낸다. 아니
아들과 어머니 사이에
진짜 근친 같은 일이 벌어지기도 한다

방이 하나면
쌀통 위에,
책꽂이를 얹는다. 그리고
교과서의 줄을 잘 맞추어둔다
어머니, 책더미 위에는 더
무엇을 얹어야 방이
넓어질까요?

방이 하나면
벽마다 잔뜩 대못을 치고
비에 젖은 옷을 걸어 말린다.
개미들은 고개를 갸웃거리겠지

집터가 돼 이 모양일까
하고서

방이 하나면
세상이 우리 식구에게 빌려주는
방이 하나면
아들의 친구는 저녁이 되기 전에
돌아가거나 방문 밖에
새우잠을 잔다. 친구 곁에
아들도 잔다. 찬 서리에 젖으며
두 사람은 꿈속에서 익사한다

그리고 여자친구와 몰래
한 이불 덮을 수는 없겠지.
방이 하나면
어린 연인들은 여관을 찾아
떠다니리. 손목을 잡고
어슷하게 떠다니리

방이 하나면
방이 하나면……
아아 개새끼!
나는 사람도 아니다.

험프리 보가트*에게 빠진 사나이

이해할 수 없다. 라고 그녀는 쓴다
그리고 동글동글한 자신의 필체를 바라보며
그녀는 소리 내어 중얼거린다. 이해할 수 없다
도대체 남편은 몇 겹의 문을 걸어잠그는 것인가
그녀는 남편이 느끼는 삶의 중심으로부터
얼마나 멀리 떨어져 있는 것일까

무엇이라고 말해야 하는가. 라고 그녀는 쓴다
두 명의 남자와 싸워온 칠 년간 그 칠 년간
두 명의 남자와 한 지붕에서 살아야 했던 그녀의 삶
남편이 걸어잠근 방문 주위를 서성여야 했던
그녀의 난처한 결혼 생활. 아무래도 그녀는
남편의 칠 년간을 이해할 수 없다

험프리 보가트에게 빠진 사나이. 라고
그녀는 쓴다. 그리고 계속해서 쓴다
동글동글한 필체로 그녀는 쓴다. 남편은 퇴근해서

---
* Humphrey Bogart, 1900~1957. 미국의 영화배우.

저녁을 먹는다. 라고 저녁을 마친 남편은
영사기가 설치된 취미실로 간다. 라고
그녀는 쓴다

남편은 어린 딸의 재롱에 흥미가 없다. 라고
그녀는 쓴다. 매일 저녁, 이것 봐요
당신 아이 노는 모습 좀 봐요. 할 때
남편은 얼마나 심드렁한가. 난
영사기나 손보겠어. 이것 봐요, 할 때마다
난 영사기나 손보겠어

남편은 험프리 보가트에게 미쳤다. 라고
그녀는 쓴다. 그러나 곧 그것을 지우고
험프리 보가트에겐 남편을 매료케 하는 무엇이
있는 것 같다. 라고 고쳐 쓴다. 그리고 이 문장이
완곡하게 표현된 것을 깨닫는다. 그녀는 남편에게
미쳤다. 라고 쓸 용기가 서지 않는다. 하지만
무슨 재미로 같은 영화를 칠 년간이나 본담?
어려운 삶! 이라고 그녀는 쓴다. 그녀는

한참 생각한 다음 〈어려운 삶!〉이란 문구를
북북 지워버린다. 그리고 다시 쓴다.
〈이해 못할 삶!〉이라고 그녀는 쓴다.
매일 저녁 호기심에 가득 찬 남편이
아직, 누구에게도, 험프리 보가트는, 이해되지 않았다,
고 중얼거리듯이 그녀는 자꾸 쓴다.
이해 못할 삶! 이라고

실비아 플라스*에게 빠진 여자

어젯저녁, 나를 주제로 시를 쓰면서
그녀는 나에게 모욕을 가했다
이해할 수 없다. 이해할 수 없다고 운을 맞추어가며
그녀는 나를 우스꽝스러운 동성연애자로 각색했다
험프리 보가트에게 빠지다니, 빠진다는 표현은
얼마나 잘 숨기어진 외설인가?

나는 그녀가 이해할 수 없다고 말할 수
있는 것이 놀랍다. 이해할 수 없다니?
나는 그녀가 풀려고 애쓰는 퍼즐 게임을
도무지 이해할 수 없다. 그리고 매일 저녁
그녀가 읽어주는 실비아 플라스를
나는 이해할 수 없다

여보 실비아는 이렇게 썼어요
여보 실비아가 놀랍지 않아요? 아아 지겨워라
실비아에겐 어떤 섬뜩함이 있어요. 아아 지겨워

---

* Sylvia Plath, 1932-1963. 미국의 여류시인. 〈 〉 속의 말은 실비아 플라스의 시구.

가령 〈피의 분출은 시〉이라거나 〈나의 시간, 시간은 허
영과 결혼했어요〉 같은 구절은
　　자살하기 전의 실비아의 심정이 잘 드러나 있지요

　　그러고서 담배 한 대를 길게 붙여 물거나
　　위스키 속의 얼음을 짤랑짤랑 흔들어 마시며
　　그녀는 이해할 수 없는 말들을 쏟아놓는다.
　　우리는 사랑과 슬픔의 핵우산 아래 있지요
　　다시 얼음을 짤랑짤랑 흔들어 마시며
　　더할 수 없게 슬픈 어조로,
　　성인들에겐 상처입을 영혼이 있지만
　　우리에겐 상처입을 영혼조차 없지요.

　　아무래도 그녀는 미쳤다.
　　원고지 앞에 멍청히 쭈그리고 앉아 중얼거리는
　　아내는 미쳤다. 제발 현실을 직시하라구
　　할 때마다, 몽상가들이 꿈꾸는 것은 바로
　　현실입니다. 제발, 할 때마다
　　몽상가들이 꿈꾸는 것은 현실입니다.

백화점 왕국

> 1983년 11월 한 달간 산격동에 소재한 시영 물물교환센터에서 일하며 한 블록 떨어져 당당히 버티고 서 있던 D백화점 북지점을 모델로 이 작품을 쓴다.

1

살아 있다는 까닭 외에 생업이라는 수식어는
우리에게 어떤 의미를 부여하는 것인지
밀대와 빗자루가 작은 내 생활의 가게를 쓸고 있을 때
쳐들어오는 것이다. 허벅지에 꿀을 가득 묻힌 벌떼같이
낮게 웅웅거리며 황금색 상호로 번뜩이는
왕국의 차들이 오는 것이다. 어디선가 이루어진
거대한 공업으로부터 그러나 철저히 은폐된
공업이 자신 스스로를 판매하기 위해
여섯 대의 차를 나누어 타고 사방의 길 끝에서 길을 끌고 몰려온다. 그렇다 여기 이 도시의 한쪽을
제일 먼저 흔들어 깨우는 것은 태양이 아니라
신선한 우유를 만재한 냉동트럭 밀려드는 상품트럭
그리고 도시를 도시답게 만드는 것 또한
넓직하고 쾌적한 녹지대가 아니라
우뚝우뚝 솟아오른 현대식 상가인 것이다

2

　거대한 벌집을 연상케 한다. 그것은
　여왕벌이 충실한 일벌을 거느리는 것같이 물론 천성에
의해서가 아니라
　교육에 의해 훈련받는다는 그 점이 다르겠지간
　어쨌든 백화점은 충실한 일벌을 거느린다
　하얀 와이셔츠와 멋있는 넥타이를 매고서

　라면상자를 공중으로 던지고 맵시 있게 받아 재는
　그들. 정오에서 세시까지 네 사람씩 교대로
　점심 시간을 갖는 드러난 다리의 여점원들
　여점원들에 대해서라면 몇 가지 부기할 것이 있다
　기사식당에서 나는 늘 그녀들의 일부를 만나곤 했지
　마른 빵을 우겨넣으며 간단히 점심식사를 때우던
　한가한 잡담도 없이 만화책과 주간지를 뒤적이며 나른
한 옷주름을 펴던
　백색의 처녀들.
　선지 국밥 속에 숟가락을 묻은 채 나는

그녀들 중의 한 사람에게 얼마나 말을 걸고 싶어했는가
왕국의 여자를 아는 것은 왕국을 아는 것이기에
아니, 내가 왕국을 정복할 수도 있는 일!
그녀들이 좋아하는 이상적 남성을 나에게서 이루고
그녀들의 잠버릇을 충분히 연구한 연후에
시도한다면 그 또한 가능한 노릇. 그녀의 성감대는
주식시세처럼 민감하게 떨려오겠지

그러나 그들이 무엇을 권리로 가지고 있습니까, 그 왕국에 대하여?

물으신다면, 담당 매장만이 나의 것이라고 말하겠어요
열 시간의 노동만이 나의 것이라고 말하겠어요
빳빳한 월급봉투만이 나의 것이라고 말하게에엣서요. 말하

게에에, 개처럼 짓게엣써요. 짓게에엣써요
개처럼 벌어서 정승처럼 쓰게에엣, 써어요.
그러면 생각해 보는 것이다
잘 썰어놓은 깍두기 한 점을 집어삼키며
노동은 인간적이다 아니다 비인간적이다
다시 깍두기 한 점을 삼키고서 아니다 아니다

노동은 비인간적인간적 행위다
아아 모르겠다. 어이 알리
중졸인 내가 어이 알리? 모르겠다, 말해 다오
학문에 도통한 자여, 잠시
딱딱하지 빛나는 해골의 턱주가리를 열어
명확하고 간략하게 누구나 알아듣기 쉽게 말해 다오
인간이 노동을 통해서만 행복을 얻을 수 있음은 어인
변괴뇨?

3

이 왕국엔 보안이 없다. 오고 싶은 자는 오라지
당신 어깨 두드리며 아마 그는 그렇게 속삭일걸
우리 친구가 되지,
어때?
난 네 것이라구!
그의 어깨 두들겨주기엔 당신 키가 모자라겠지만
번뜩이는 네온의 월계관을 쓴

왕관 없는 현대의 왕
그는 결코 지배하지 않는다
그러나 분명히 알아두는 것이 좋다
누가 우리에게 채소를 심게 하고
가구를 만들게 하며 어린 누이를
밤새도록 컨베이어 시스템 앞에 꼰아박아 두는지
다가올 할인판매를 광고하고 잽싸게 뒤돌아 서서
새로운 판매 전략에 고심하는 이자가 바로
우리들의 등과 배를 간지르며
만들라! 만들라! 만들라!
강요하는 것. 기실은
지상에서 이루어지는 비밀스런 공업이
모두 우리들의 일인 것이다

4

사람들이 모여서 강하고 지혜 있는
새로운 왕국에 대하여 이야기한다.

그것은 백화점 왕국이고
오전부터 술 취한 사람들은 대부분
자신의 생업을 망친 자들인데
망쳐버렸다구, 풀이 죽어 망. 쳐.
버. 렸. 다. 구. 떠드는 사람들은
정말 생을 망쳐버린 자들인지도 모른다.
그리고 한편에서 그들의 아내는
얼마나 심약하고 슬프게 지껄이는 것인가
젖통에 남은 젖을 아이에게 먹일 힘도 없이 슬프게
우리도 문을 닫아야겠어요. 우리는, 〈문을 닫아야겠어요〉
우리가, 〈문을 닫아야겠어요〉 우티의, 〈문을 닫아야겠어요〉
우우. 우우우. 우우우우. 우우.
우우우. 우우우우. 우우. 우우.

사람들이 모여서 강하고 지혜 있는 상심의 왕국에 대하여 이야기한다.
그것은 백화점 왕국이고

그것은 백인과 황인종 간의, 공공연한 성기 핥아주기 계약에 의해
그것은 흑인과 백인 간의, 한밤의 매질하기 놀이에 의해
그것은 황인종과 흑인 간의, 서로의 어머니 바꾸기 운동에 의해 일어나는
다국적 사람 망치기 왕국이고
그것은 엠파이어 스테이트 빌딩에서 튀어나와
치사스레 전 세계를 먹어치우는 쓸쓸한 눈 뭉치

5

백화점을 다스리는 자가 필시
국방을 다스리게 되리라

붉은 신호에 걸린 여자
—— 고독은 커다란 귀, 누군가 불러주길 기다린다. (1983년 일기)

그녀는 횡단보도에서 넘어져버렸다
하이힐의 뒤꿈치가 비칠 하더니, 그만
무릎을 꿇으며 신호등이 켜진 횡단보도
가운데 뒹굴어졌다. 그리고 건너편 신호등에
몸을 기대고 서 있던 그가 이쪽으로
달려오기 전에 푸른 신호등은 잽싸게
붉은 신호등으로 바뀌어버렸다

오늘은 그와 만나는 날
그녀는 그에게서 전화가 오기 전에
일찌감치 욕조 속에 들어가 온몸을
씻어 내렸다. 부옇게 김이 피어오른
욕탕의 희미한 거울을 손바닥으로 닦고
그녀는 자신의 탄력 있는 몸매를
비춰보았다. 그리고 손가락으로 피아노 건반을
튕기듯 살찐 엉덩이를 누르며 혀를 내어보였다.

몇 시간 후면, 탱자술같이 혀 끝에 감쳐오는
정념의 맛을 볼 수 있다. 짐승 같은 그 남자,

그 남자는 오늘 밤 지옥불 속으로 그녀를
데려갈 것이다. 벤츠를 탄 것같이 매끈하게
그는 나를 악몽의 가장 가까운 지경으로
데려다줄 것이다. 멀리 있는 남편에겐 미안하지만
식은 침대 위에서 홀로 자는 일에 나는 진력이 났다
아무리 정숙한 부인일지라도 밤에는
그 엉덩이를 까닥이는 법인데……

그 남자의 전화를 받고 그녀가
약속한 신호등까지 왔을 때는
건너편 신호등 앞에 이미 그가 기다리고 있었다
흰 이를 드러내며 그는 미소 지었고
손을 흔들어보이며 그녀는 붉은 신호등,
건너지 마시오가 켜져 있는 것에 신경질을 냈다
일주일을 참으면서도, 겨우 일 분 참는 건
어렵다. 나는 저 남자 귓바퀴에 속삭여야지
내 공포는 빨리 사라지고, 당신은 나를
대담하게 행동하도록 만들어요

아니면 이렇게 말해 줄까. 마치 당신은
내 잠을 훔쳐 가는 달콤한 도둑, 꿈과 같아요!
이런저런 생각 중에 푸른 신호등이 켜져 있었고
급하게 횡단보도를 뛰던 그녀는
하이힐 뒤끝이 부러져 나가면서 뒹굴어졌다. 연이어
붉은 신호등, 건너지 마시오가 켜졌고 그녀는
왔던 길로 돌아갈까, 어쩔까 판단이 서지 않는다
길 건너에서 그 남자는 자꾸 손짓을 해대고
양쪽이 늘어선 자동차의 위험한 경적이 울 때
스타킹 속의 발목은 제 맘대로, 뜨겁게 부어오른다

쉬인

쇠람들은 당쉰이 육 일 만에
우주를 만들었다고 하지만
그건 틀리는 말입니다요
그렇습니다요
당쉰은 일곱째 날
끔찍한 것을 만드쉈습니다요

그렇습니다요
휴쉭의 칠 일째 저녁
당쉰은 당쉰이 만든
땅덩이를 바라보쉈습니다요
마치 된장국같이
천천히 끓고 있는 쉐계!
하늘은 구슈한 기포를 뿜어 올리며
붉게 끓어올랐습지요

그랬습니다요
끔찍한 것이 만들어지기 전에는
온갖 것들이 쉽히 보기 좋왔고

한없이 화해로웠습지요.
그 사실을 나이테에게 물어보쉬지요
천년을 살아남은 히말라야 삼나무들과
쉬베리아의 마가목들이
평화로웠던 그때를
기억할 수 있습지요

그러나 당쉰은 그때
쇄쌍을 처음 만들어보았던 쉰출나기
교본도 없는 난처한 요리사였습지요
끓고 있는 된장국을 바라보며
혹쉬 빠뜨린 게 없을까
두 손 비벼대다가
냅다 마요네즈를 부어버린
당쉰은 셔튠 요리사였습지요

그래서 저는 만들어졌습니다요
빠뜨린 게 없을까 생각한 끝에
저는 만들어졌습니다요

갑자기 당신의 돌대가리에서
멋진 생각이 떠오른 것이었습지요
기발하게도 〈나〉를 만들자는 생각이
해처럼 떠오른 것이었습지요

계획에는 없었지만 나는
최후로 만들어지고
공들여 만들어졌습니다요
그렇습니다요
드디어 나는 만들어졌습니다요
그러자 세계는 곧바로
슈라장이 되었습니다요
제멋돼로 펜대를 운전하는
거지 같은 자쉭들이
지랄 떨기 시작했을 때!

그런데 내 내가 누 누구냐구요?
아아 무 묻지 마쉽시요
으 은 유 와 푸 풍자를 내뱉으며

처 처 천년을 장슈한 나 나 나는
쉬 쉬 쉬 쉬인입니다요

pp. 13-35

> 이 작품은 《우리 세대의 문학》 4집에 발표된 인홍의 소설 「설경」(13-35쪽에 수록)을 시작화 한 것으로 해당된 각 페이지에서 얻은 느낌을 시로 변주한 것이다.

†

우리에겐 설경밖에
주어진 아무것도 없다
어딜 봐도, 캄캄한 설경
눈 덮인 풍경 속의
캄캄한 마음들!

14

 낯선 페이지 속으로 눈을 파묻으면 오른손 둘째 손가락과 세째 손가락 사이에 끼인 담배의 필터 끝을 입에 물고 불을 붙인 94가 등장한다. 그런 다음 계속 읽어내려가면 94가 걸터앉은 침대에서 대각선으로 마주 보이는, 창틀 아래의 장의자 위에 누워 잠들어 있는 61이 등장한다. 등장이라고는 했지만 무슨 극적인 사건을 전제로 등장하는 것이 아니라, 그냥 무료하게 두 남자가 나타나는 것이다. 이름도 없이. 주인공의 이름도 없이. 어쩌면 두 주인공은 익명의 대중을 대표하는 익명의 대표일는지도 알 수 없

다. 여기서 독자는(나는) 얼굴 없는 배우가 주연하는 영화를 보는 듯한 끔찍함을 느낀다

15

평소 작자는 자신의 무료를 달래기 위해 밥 딜런의 「사랑하지 않을 수 없어」를 듣거나 〈애비를 죽이고 어미와 흘레붙고 싶다〉는 내용의 긴 노래인 짐 모리슨의 「디 엔드」를 듣는 모양인데 그런 작자의 음악 생활을 소설 속의 주인공인 94가 얼핏 드러내 주고 있다. 하긴 나도 중학 시절부터 레드 제플린의 레코드를 들어왔다. 좋은 시절 나쁜 시절, 당신을 알고 난 이래로, 희미하고…… 혼란스러워요…… 타일…… 위에서, 당신은 나를 뒤흔들었습니다. 당신의 삶을 위해, 당신을 떠나야겠어요…… 기어갈 거예요…… 당신의 시대가 올 것입니다.* 나의, 시대는, 오지 않을 거구요. 아, 나는 영원한 중학생! 그때부터 지금

---

* 〈좋은 시절 나쁜 시절―당신의 시대가 올 것입니다〉는 모두 아홉 개의 레드 제플린의 노래 제목이다.

까지 팝송을 듣고 있으니.

16

그의 손가락이 펼친 페이지에는 스타킹을 신고 있는 금발의 여자가 다리를 활짝 벌리고 의자에 앉아서 오른손으로는 자신의 그것을 카메라를 향해 활짝 열어보이고, 왼손으로는 의자 곁에 선 흑인 남자의 굵은 물건을 움켜쥐고 그것을 빨고 있는 사진이 한 면을 가득 채우고 있었다. 옆 페이지에는 침대 위에 백인 남자와 흑인 여자, 그리고 검은 머리의 황인종 여자가 어우러져 있는 사진이 인쇄되어 있었다——세계는 하나다

17

주인공들 잠들다. 잠의 깊은 구멍으로 빨리키다. 독자를(나를) 두고, 모두 잠들리키다. 그럼 나는(독자는) 이쯤

에서, 이런 시구를 얻어 쓸 수도 있다
  무균스런 나라의, 쓸쓸한 잠들기여!
  거세된 육신의, 하릴없는 꿈꾸기여!(라고)

18

 독자는(나는) 이미 눈치 챈 바 있지만, 여기서 다시 한 번, 작가가(즉 인홍 씨가) 쓰고 있는 트릭 같은 문체에 주목하게 된다. 굳이 그러한 문체에 이름을 붙이자면, 말의 하이퍼 리얼리즘 내지 말의 인플레 현상이라고 할 수 있을 것이다. 대표적으로 다음과 같은 부분은——그는 코트를 벗어 장의자 앞의 탁자 위에 던져놓고 석유난로에 불을 붙인 다음, 한참 동안 난로 앞에 서서 몸을 녹이다가는, 문득 생각난 듯이 난로를 마주 보고 껴앉듯이 웅크리고 앉았다. 잠시 동안 그렇게 앉아 있던 그는 벌떡 일어서더니 장의자 앞의 탁자로 가서 코트를 왼손으로 들고 오른손으로는 코트 안주머니에 들어 있던 편지를 꺼낸 다음, 코트를 장의자 구석에 구겨놓고 장의자에 앉아서 편지를 뜯어 보았는데──그의 문체가 몇 개의 스틸 사진을 설명하고 있는 것이 아닌가 하는 착각을 불러일으킨다. 말할 것도 없이, 그런 섬세함은 독자를 환등기 앞에 앉혀놓고 필름 내용을 설명하는 변사의 친절함에 다름 아니다. 인용된 예문의 경우, 보통의 다른 작가라면 대충, 다음의 두 문장으로 묘사할지도 모른다──그는 코트를 벗고 난로 앞에서 몸을 녹였다. 그리고 문득 생각난 듯이 코트 안주머니에 있던 편지를 뜯어 보았는데

19

새로운 나라는 없다. 그러므로 새로운 세계도 없다. 그렇다…… 우린, 떠나서도, 이 세계로, 다시, 돌아온다…… 돌아…… 온다, 이…… 나라로!──제길, 또 여기야?/그 나라가, 이 나라네!/어이, 황형 다른 집으로 가지?(술집에서)

20──편지·1

우린 일 년 가까이 단 한번도 만나지 못했지요
이상하지 않아요? 한 도시에 살면서 우린 우연히
만난 일즈차 없었으니까요. 이상하지 않아요, 이상하지
않아요?
그런데 나에겐 그것이 기적처럼 느껴져요. 이상하지 않
아요?
길에서든, 버스에서든, 이상? 찻집에서든, 혹은 극장
과 백화점에서
어쩌면 우린 숱하게 만날 기회들을 이, 얼마나 많이
놓치고 산 것일까요? 이상하지 않아요, 이상하지 않아
요, 이상하지?
우연히 마주치게 되어 무슨 말을 어떻게 해야 할까, 이상?
두려운 마음을 제쳐두고서라도, 이상하지? 그래요, 나는
우연히 당신과, 이? 마주치고서 해야 할, 이상? 말들을
연사가 원고 외우듯, 이상하지? 이상하지? 외우고 다녔
지요
호주머니 속에 당신 생각을 아아 넣고 다녔었지요. 아

아 이상하지
　않아요, 이상하지 않아요, 이상하지 않아요?

21 ── 편지 · 2

　하지만 나는 당신에게 무슨 말을 하고자 했던 것일까?
　지금은 또 무슨 얘기를 하기 위해 편지를 쓰고 있는 것일까?
　탓하지 않는다는 것과 용서한다는 것은 같은 뜻일까?
　내가 감히 당신을 용서할 수 있을까?
　당신은 혹시 당신이 나에게 그렇게 해준 것에 대해 내가 감사하고 있다고 생각하고 있는 걸까?
　아니 내가 그 일에 대하여 정말 당신에게 감사하고 있는 걸까?
　내가 당신에게 감사한다는 것은 용서한다는 것과 마찬가지로 말도 되지 않는 소리가 아닐까?
　아니라면 대체 무엇일까? (베껴쓰기: 아니라면 대체 무엇일까?)

당신과 나 사이에 있었던 일은 과연 무엇일까? (다시 베껴쓰기: 당신과 나 사이에 있었던 일은 과연 무엇일까?)

그것은 단순한 하나의 행위일까? (또다시 베껴쓰기: 그것은 단순한 하나의 행위일까?)

22——편지 · 3

우리들은 그 무엇의 해답을 찾고 있는 사람
우리들은 아직 그 무엇의 해답을 찾지 못한 사람
아아 우리들은 죽은 사람들! (굵은 활자로 베껴쓰기: 아다 우리들은 죽은 사람들!!)
그날, 그곳에서 있었던 당신과 나 사이의 그 행위에 대한 해답을
회색의 대리석 위에 또박또박 파 새기지 못한다면
우리들은 이미 죽은 사람들의 무덤 앞에 죽은 사람들
내리는 눈발 속에 차츰차츰 지워져 갈 눈 송장

23

원통형 석유난로의 망이 빨갛게 달아 있다

· · · · · · · · · · ·
24——들쑤심 당한 인간들

No 61은 예민한 인간
소켓의 스위치를 돌려 60와트짜리 백열전구의
필라멘트에 전류가 흐르도록 했을 때, 전구에서
막 쏟아져 나온 빛들이 잡다한 사물에 닿기 시작하고
그 순간——전구에서 쏟아져 나온 빛들 가운데서 사물들에
닿았다가 반사된 최초의 빛의 입자가 그의 망막에 이르러
시신경을 자극한 바로 그 순간——빛에 놀란 곤충같이,
혹은 빛에 붙들려버린 눈먼 사냥감같이, 사물들의 질서가
정지하는 것을 느껴버리는 No 61은 세포화된 인간

눈, 코, 귀, 입, 피부 등등의 모든 신체 조직을 사용하여 서계를 표현해 내는, No 61은 공감각으로 무한히 열려 버린 인간

25

그는(61) 지난 밤에 94가 앉아 있던 곳과 거의 같은 곳에 비슷한 자세로 앉았다. 그리고 카세트 라디오의 라디오 다이얼을 이리저리 돌리다가, 제니스 조플린의 「섬머타임」을 듣고, 들으면서 보고, 또 보고, 보아서 거의 머리에 사진으로 찍어놓은 듯한 만화책을 본다. 그러던 사이 제니스 조플린의 노래가 끝나고 새로 들리는 멀라니의 노래를 듣다가, 담배를 피워 물다가, 붉은 색연필을 들고 만화책 표지를 가득 채운 벌거벗은 여자의 엉덩이에 커다랗게 복수라는 글자를 쓰기 시작했다. 그런데, 얼마나 많은 또 누가, 94가 앉아 있던 곳과 거의 같은 곳에 비슷한 자세로 앉아 있는 61과 거의 같은 곳에 비슷한 자세로 앉아 있나?——바로 여러분!

26──블루진 블루스

> 그는 바지의 허리띠를 끄르고 지퍼를 내렸다. 그리고는 바지를 속옷과 함께 무릎께로 내린 다음 발기하지 않은 물건을 쥐고 눈을 감았다. 그는 감은 눈꺼풀 위에 벌거벗은 여자들의 환영을, 온갖 섹스 이미지들은 오버랩시키기 시작했다.

너의 외롭고 쓸쓸한 날
나 청바지를 기워 입고
거리로 나섰었지요
거리로 가면
진정 나를 사랑해 줄 님이 있을까 봐, 싶어서요.
주머니 속에서
몇 개 동전이 짤랑거리고
누구에게도 나는
차 한잔, 이라고
말하지 못했지요
그렇게 찍 소리 못하고
어둠이 깊어지게 나는
손을 넣어

부끄러운 소리가 들리지 않도록
호주머니 속의
원수 같은 돈전을
꽉 움켜잡았었지요
얼굴이 붉어져라 움켜쥐었지요
그리고 때가 되어
모든 극장 앞에 붙여진
포스터와 사진들을
모조리 머릿속에 주워담고,
벌거벗은 환영이 지워지기 전에
잘 기억해 둔
온갖 형태의 섹스 이미지가
사라지기 전에
집으로 들려와
나는 범했지요
세기의 모든 인기 배우와
문제의 미녀들을 나는
범하고, 범하고, 또 범했지요
주여,

내 고환을 한 삼십 년쯤 떼었다가
다시 붙일 수 있다면!
아멘

27

80년대여, 이 거친 암호를, 나는, 이해할, 수, 없구나!

――어이 조, 총을 들고 어디로 가나?

     . . . .

28

 칼을 뽑았으면 입지 썩은 호박이라도 찔러야 한다는 말이 있습지. 그런데 그 좀 우습잖게? 칼을 뽑아서 말입지 썩은 호박을 찌른단 말은, 아무래도 우습잖게? 거 좀 우습다구. 후훗 그런데 언제 이런 말 들어봤으롱랑 또 몰라? 썩은 호박을 찌르는 것보다는 친구의 목을, 하다못해 이

옷의 목이라도 치는 게 훨씬 바람직하단 말. 어째, 쑤악하지 않게? 아니, 내가, 이런 말도, 해서는, 안 되는 것, 아니게? 사람들은 말입지 기왕 구름이 끼었으니 말입지 비가 내려야 할 것이라고 바라는 바이지, 그러나 저 하늘이 무거운 것이어서, 눈이 펑펑 쏟아지고 있는 것, 누가 막을 수 있게? 나는 엥, 그것도 자살은 아니었을까 몰라. 젠장, 무슨 꽃을 피우겠어? 저 눈이? 불모의 눈이구먼.

29

그럴듯한 백 뮤직을 흘러 보내는
그럴듯한 찻집에서
약속한 여자와 만날 때
(마츰 약속한 바는 아니지만)
하늘에서는 눈까지 내려줄 때
남자들은 그 순간을
삼류 멜로드라마로 치부해 버리는
습관이 있다

30

자기들끼리만 알아들을 수 있게 소곤거리다

 . . . .
31──영광 있으라!

영광 있으라. 우리 모두는 살인자들이니
영광 있으라. 우리 모두는 살해당한 자들이니
영광 있으라, 영광 있으라, 영광 있으라!
우리들은 살인자여!
우리들은 살해당한 자여!

   61: 그럼 이제 어떡하지?
   94: 어떡하긴? 차라리 죽는 게 낫지
   61: 하긴……그렇지만,
   94: 그렇지만은 무슨 그렇지만이야?
   61: 그럼 너는?
   94: 나? 왜? 난 아무렇지도 않아

61: 정말?
94: 정말!

절망,
(절망할 것에조차 절망하지 말고, 영광!)
절망, 사랑,
(그 계집의 옷을 벗겨놓고, 나는 왈, 널, 사랑하고 있다고? 영광!)
절망, 사랑, 저주,
(저주는 드라큘라의 젖니에서부터 내 혈관을 타고 든다, 영광!)
절망, 사랑, 저주, 환희,
(환희는 다섯 개의 젖무덤, 눈을 뜨면 내가 그 둥근 무덤 속에 들어가 울고 있어요, 영광!)
절망, 사랑, 저주, 환희, 분노,
(분노는 짓무른 포도 송이처럼 익다가 농해 버린다, 영광!)
절망, 사랑, 저주, 환희, 분노, 수치,
(삶은 수치로 저울질되지 않는 것, 왜냐하건 나의 수치는 그 적정량을 넘었도다, 영광!)

절망, 사랑, 저주, 환희, 분노, 수치, 희망,
(우리들의 희망은 희망 없음이니, 기쁘다 영광!)
절망, 사랑, 저주, 환희, 분노, 수치, 희망, 증오,
(나의 명상이 증오가 되지 않고 복수가 되지 않도록 빌면서, 영광!)
절망, 사랑, 저주, 환희, 분노, 수치, 희망, 증오, 권태,
(권태야…… 권태야…… 내 두번째 이름을 누가 부르느냐? 사생활 보장하라, 영광!)

    61: 무엇 때문에 우리는 여기 있는 걸까?
    94: 뭐라고? 무엇? 무엇 때문에, 우리가 여기 있는 거라고?
    61: 그래. 있다, 있다, 우리는, 있다
    94: 있다라니? 지금, 이게, 있는 거라고?
    61: 맞았어. 지금 우리는 있는 거야
    94: 그렇지만, 왜?
    61: 그 무엇과 조우하기 위해!
    94: 그 무엇과 조우하기 위해서라고? 그거 썩 좋은 농담인데

우리들은 살인자여!
우리들은 살해당한 자여!
살인자와 살해당한 자가 쌍피 붙은 날이 우리로구나!
살해자여, 살해당한 자여, 눈 감고 이 세월을 넘어가자!
살해자여, 살해당한 자여, 영광 베풀라!
(영광 베푸는 자에게 영광 있으라, 영광!)
조상들과 영광 함께 영광 영광
자손들과 영광 영광 영광 함께 영광 영광 영광 영광
영광을 영광 영광 영광 영광 영광 누리라!
(영광이 폭설처럼 쏟아지는구나, 영광!)
죄 없는 자와 영광
함께 영광 영광 영광을
영원토록
누리지 못하리라!

32

수복

33

복수

34――61에게, 혹은 어느 80년대 시인에게

넌 나빠. 무엇이든, 아주 나빠
무엇이든, 팝 아트 식으로 처리하자는 식으로
그래서 넌, 나빠, 나빠, 아주 나빠,
네가 질 책임을 나에게, 나에게만 미루어 놓는
넌 나빠. 그게 나빠, 나빠, 나빠, 나빠, 못써!
팝 아트는 가벼운 것이라구.
자꾸 자꾸 가벼워지는 것이지. 그런데, 그게, 나빠, 나빠
모든 책임은, 대중에게만, 있지 않느냐는 식으로
나에게, 나에게, 나에게만, 떠맡기고
자신은 살짝 빠져 달아나는, 너는, 나빠
그러니까, 봐라, 이게, 너희들이, 사랑해, 못사는,
몬로 아니니? 엘비스 아니니? 해사면서

이게 너희들의 추악이지
이게 너희들의 위선이지, 해사면서
자신은 공기처럼 무화되어 사라지는 너. 나빠, 나빠
안 돼
그러지 마, 나빠, 못써, 너, 나빠

35

원통형 석유난로는, 우연히 꺼져 있었다

✝
이것이 우리들의 한국인가
무엇이 보이지 묻는
희뿌연 어둠. 이것이 한국인가
우리들의 한국?

쇠꼬챙이 혹은 낙태

아이들이 배드민턴을 친다
일요일 오전에는 아이들이
배드민턴을 친다. 이 마을 아이들은
일요일 아침마다 배드민턴을 치며 논다
흰 날개에 싸인 공이 포물선을 그리며
꺼졌다가 다시 솟아오른다

자기 차례를 기다리는 아이들이
한편에서 노래 부르며 기다린다.
언니의 하얀 얼굴 하얗게 질린 얼굴
보드라운 아랫배는 보름달같이 커졌네
불어오른 작은 언니의 아랫배를 보고서
어머니는 울고 계시네 라라라라

노래하는 동안 흰 날개에 싸인 공이
테라스로 올라간다. 가끔씩 흰 날개에 싸인
공이 파란 차양으로 올라가
내려오지 않는다 하얀 공 하얀 공
올릴 때는 라켓으로 올리지만

내릴 때는 쇠꼬챙이로 내리는 하얀 공

아침에 아이들이 차양을 친다
긴 장대르 친다 친다
지붕의 가장 연약한 턱뼈를
사정 없는 쇠꼬챙이로 찔러댄다
이 마을 아이들은 파란 차양에 올라간
하얀 공을 내리며 논다. 턱턱턱

방안에서는 더 견디지 못하게 늦잠에 빠진
차양이 깨어나 침대 모서리를
서성인다. 테라스 쑤시는 소리를
노처녀인 차양은 못 참는다
긴 장대로 찌를 때마다 신경질적인 거의
병적인 죄의식에 그녀는 짓눌린다

그렇게 부딪기를 스무 번쯤
잘 익은 열매가 터지듯 부르르
차양이 한번 떨고 난 다음 날개공이

떨어진다. 높은 지붕으로부터 떨어지는 날개공은 가속이 붙어 마치 쇠절구공이가 떨어지는 것도 같고 이름 없는 한 아이의 낙태 같기도 하다.

공기 가운에 들려 올려진 남자

밤새워 그는 공기 점검*을 한다.
거대한 공룡같이 음흉스런 검은 전축의
파워 버튼을 누르고, 튜너의 다이얼을
A.F.K.N-F.M에 맞춘 다음 카세트 데크에
C-60 테이프를 건다. 그리고 낚시꾼이
찌를 던지듯 플레이 버튼과 레코드 버튼을
동시에 늘러놓는다.

공기 속에는 많은 전파가 꼬리 쳐 날은다
저녁 공기는 온갖 음악으로 붕붕 끓어 오른다.
그는 그것을 안다. 공기 속을 헤집어 날으는
사랑스런 것들을. 특히 그의 마음을 움직이는 건
초기 록큰롤이다. 아킬레스건이 당기는 것만 같은
피아노의 불규칙 연속음과 초기 록큰롤 특유의
중성적인 비음의 배음 합창은 그도 모르게
자신의 발꿈치를 들먹이게 한다

---

* 전파를 녹음하는 행위를 〈Air check〉라고 하나. 이 작품에서
는 굳이 〈공기 점검〉이란 말로 바꾸어보았다.

이 밤, 거장들이 만든 음악이 날아다닌다
그리고 아무도 간첩과도 같은 그의 생리를 모른다
모르는 사람들은 그에게 새로 생긴 탈춤연구회나
단소강습회에 가입하길 권하지만 그는 언제나
살찐 고개를 부드럽게 가로젓는다
공기를 점검하는 게 그의 숨은 취미기 때문이다
비 비 킹, 게리 리 루이스, 엘비스, 더 나아가
롤링 스톤즈, 애니멀즈, 야드버즈, 아아 그는 두 손으로
머리를 감싸 안는다. 나의 대통령, 나의 조국이여

그는 냉소적인 경멸을 가요에 대하여 느낀다
그는 국내 라디오 채널과 음악 프로를 무시한다
그는 A.F.K.N-F.M에 방송 선택 침을 고정시키고
밤새우기 일쑤다. 그는 잘 수가 없다
새로운 테이프를 완성하고, 녹음된 음악 목록을 쓰고,
다시 들어보고, 새로운 녹음에 몰두한다
그렇게 녹음된 테이프는 그의 방을 가득 채우고
마루를 뒤덮고, 온갖 책상서랍과 상자에 넘친다
집집의 선반마다 새로 유행되는 노래를!

녹음된 테이프가 방방곡곡의 벽을 타고 기어오르게 하
라!

거대한 공룡같이 음흉한 밤의 공기 속으로
아메리카는 그물을 내어 펼친다. 전파는 망치가 되어
잠들지 않는 그의 뇌를 두들긴다. 철도원이 기차 바퀴를
두드리는 것같이, 공기 속의 아메리카는 그의 머리를
두들겨
점검한다. 아메리카는 공기 속에서조차 그를 들어올린다
그러나 그는 그것을 모른다. 록큰롤 스타는
그의 대통령, 그의 조국이다

전파 나무 나무전파

길안에 숲이 크고 나무가 울창하다
길안에 들어서니 여기 무슨 오해가 있고 공해가 있을까
여행자는 기분이 좋아 자신의 목에 메인 워크맨의
입력 단추를 누르고 기능전환 스위치를 에프엠에 고정시킨다
그러자 차랑차랑한 높은 음악이 길안의 호면 같은 숲을 흔든다
서늘한 나뭇잎이 감전이나 된 듯 미세히 떨고
부르르 날개를 뒤틀며 새들이 하늘로 치솟아 오른다
그제서야 여행자는 눈에 보이지 않는 복병이 있음을 안다
어느새 전파는 이렇게 깊고 고요한 길안에마저 맹렬히 숨어들었나 보다
높은 산봉우리마다 거대한 송신탑이 섰는데
송신탑을 보자 인기 팝송과 정부 발표 같은 것들로 속이 메스껍다
여행자는 기분이 상해 워크맨을 바위에 던져 부서뜨린다
그러면서 전파를 만들었다는 양코배기를 비웃었다

길안의 구석구석 독처럼 차 오른 전파의 폭우 속에서도 숲은 얼마나 커지고 나무들은 얼마나 푸르게 그 속이 차 오르는가

엘비스를 듣는 미국인들

언제 어디서나
그들은 엘비스를 듣지
기분이 좋아서 넓적다리를 흔들며
그들은 엘비스를 듣지
하카 하카 버닝 러브!

뉴욕시 지하철을 타며
샌프란시스코 금문교를 지나며
즐거워 손뼉을 치면서
자동차 속에서도
하카 하카 버닝 러브!

대포 소리 맞춰 엉덩이 흔들 수는 없으니까
중동이 불타든 말든
그들은 엘비스를 듣는 거지
등뒤로는 최신 무기를 몰래 내어 팔면서
하카 하카 버닝 러브!

배고픈 젊은이들이여

영어를 못하는 무식한 제3 세계
젊은이들이여
엘비스를 들으며 교양을 쌓자
(함께 입을 모아, 큰소리로)
하카 하카 버닝 러브!

낙인

티브이를 켜니 서부극인 모양이다
모자를 삐딱하게 눌러쓴 카우보이가
밧줄 올가미를 휘휘 휘둘러
마구 뛰어 달리던 야생마를 낚아채뜨린다
그런 다음 자신의 이름이 새겨진 뜨거운 부젓가락을
버둥대는 말 엉덩이에 사정없이 눌러 찍는다
양키들은 잔인하구나!
채널을 다른 방송으로 돌리자 광고가 흐르는데
말같이 튀어나온 한국 아가씨의 엉덩이에
리바이스 청바지 상표가 빨갛게 눌러 찍힌다

하숙

　녀석의 하숙방 벽에는 리바이스 청바지 정장이 걸려 있고
　책상 우에는 쓰다 만 사립대 영문과 리포트가 있고 영한사전이 있고
　재털이엔 필터만 남은 캔트 꽁초가 있고 씹다 버린 셀렘이 있고
　서랍 안에는 묶은 《플레이보이》가 숨겨져 있고
　방 모서리에는 파이오니아 엠프가 모셔져 있고
　레코드 꽂이에는 레오나드 코헨, 존 레논, 에릭 클랩턴이 꽂혀 있고
　방바닥엔 음악 감상실에서 얻은 최신 빌보드 차트가 팽개쳐 있고
　쓰레기통엔 코카콜라와 조니워커 빈 병이 쑤셔 박혀 있고
　그 하숙방에,
　녀석은 혼곤히 취해 대자로 누워 있고
　…………
　…………
　죽었는지 살았는지, 꼼짝도 않고

햄버거에 대한 명상
—— 가정 요리서로 쓸 수 있게 만들어진 시

옛날에 나는 금이나 꿈에 대하여 명상했다
아주 단단하거나 투명한 무엇들에 대하여
그러나 나는 이제 물렁물렁한 것들에 대하여도 명상하련다

오늘 내가 해보일 명상은 햄버거를 만드는 일이다
아무나 손쉽게, 많은 재료를 들이지 않고 간단히 만들 수 있는 명상
그러면서도 맛이 좋고 영양이 듬뿍 든 명상
어쩌자고 우리가 〈햄버거를 만들어 먹는 족속〉 가운데서 빠질 수 있겠는가?
자, 나와 함께 햄버거에 대한 명상을 행하자
먼저 필요한 재료를 가르쳐주겠다. 준비물은

햄버거 빵 2
버터 1 1/2큰술
쇠고기 150g
돼지고기 100g
양파 1 1/2

달걀 2
빵가루 2컵
소금 2작은술
후추가루 1/4작은술
상치 4잎
오이 1
마요네즈 소스 약간
브라운 소스 1/4컵

위의 재료들은 힘들이지 않고 당신이 살고 있는 동네의 믿을 만한 슈퍼에서 구입할 수 있을 것이다. ──슈퍼에 가면
모든 것이 위생비닐 속에 안전히 담겨 있다. 슈퍼를 이용하라──

먼저 쇠고기와 돼지고기를 곱게 다진다
이때 잡념을 떨쳐라, 우리가 하고자 하는 명상의 첫 단계는
이 명상을 행하는 이로 하여든 좀더 훌륭한 명상이 되

도록
 매우 주의 깊게 순서가 만들어졌는데
 이 첫 단계에서 잡념을 떨치지 못하면 손가락이 날카로운 칼에
 잘려, 명상을 포기하지 않으면 안 되도록 장치되어 있다

 쇠고기와 돼지고기를 곱게 다졌으면,
 이번에는 양파 한 개를 곱게 다져 기름 두른 프라이팬에 넣고
 노릇노릇할 때까지 볶아 식혀놓는다
 소리 내며 튀는 기름과 기분 좋은 양파 향기는
 가벼운 홍분으로 당신의 맥박을 빠르게 할 것이다
 그것은 당신이 이 명상에 홍미를 느낀다는 뜻이기도 한데
 홍미가 없으면 명상이 행해질 리 만무하고
 홍미가 없으면 세계도 없을 것이다

 이것이 끝난 다음,
 다진 쇠고기와 돼지고기, 빵가루, 달걀, 볶은 양파,

소금, 후추가루를 넣어 골고루 반죽이 되도록 손으로 치댄다
  얼마나 신나는 명상인가. 잠자리에서 상대방의 그곳을 만지는 일만큼
  우리의 촉각을 행복하게 사용할 수 있는 순간은,
  곧 이 순간,
  음식물을 손가락으로 버무리는 때가 아니던가

  반죽이, 충분히 끈기가 날 정도로 되면
  네 개로 나누어 둥글납작하게 빚어 속까지 익힌다
  이때 명상도 따라 익는데, 뜨겁게 달구어진 프라이팬에
  반죽된 고기를 올려놓고 일분이 지나면 뒤집어서 다시 일분간을 지져
  겉면단 살짝 익힌 다음 불을 약하게 하여——이렇게 하기 위해서는
  절대 가스렌지가 필요하다——뚜껑을 덮고 은근한 불에서
  중심에까지 완전히 익힌다. 이때
  당신 머릿속에는 햄버거를 만들기 위한 명상이 가득 차

있어야 한다
　머리의 외피가 아니라 머리 중심에, 가득히!

　그런 다음,
　반쪽 남은 양파는 고리 모양으로
　오이는 엇비슷하게 썰고
　상치는 깨끗이 씻어놓는데
　이런 잔손질마저도
　이 명상이 머릿속에서만 이루고 마는 것이 아니라
　명상도 하나의 훌륭한 노동임을 보여준다

　그 일이 잘 끝나면,
　빵을 반으로 칼집을 넣어 벌려 버터를 바르고
　상치를 깔아 마요네즈 소스를 바른다. 이때 이 바른다는 행위는
　혹시라도 다시 생길지 모르는 잡념이 내부로 틈입하는 것을 막아준다
　그러므로 버터와 마요네즈를 한꺼번에 처바르는 것이 아니라

약간씩, 스며들도록 바른다

그것이 끝나면,
고기를 넣고 브라운 소스를 알맞게 끼얹어 양파, 오이를 끼운다.
이렇게 해서 명상이 끝난다

이 얼마나 유익한 명상인가?
까다롭고 주의 사항이 많은 명상 끝에
맛이 좋고 영양 많은 미국식 간식이 만들어졌다

아파트 묘지

홀린 듯 끌린 듯이 따라갔네
그녀의 희고 아름다운 다리를
나 대낮에 꿈길인 듯 따라갔네
또박거리는 하이힐은 베 짜는 소리 듯 아늑하고
천천히 좌우로 움직이는 엉덩이는
항구에 멈추어 선 두 개의 뱃고물이
물결을 안고 넘실대듯 부드럽게 흔들렸네
나 대낮에 꿈길인 듯 따라갔네
그녀의 다리에는 피곤함이나 짜증 전혀 없고
마냥 고요하고 평화로왔다
나 대낮에 꿈길인 듯 따라갔네
점심 시간이 벌써 끝난 것도
사무실로 돌아갈 일도 모두 잊은 채
희고 아름다운 그녀 다리만 좇아갔네
도시의 생지옥 같은 번화가를 헤치고
붉고 푸른 불이 날름거리는 횡단보도와
하늘로 오를 듯한 육교를 건너
나 대낮에 여우에 홀린 듯이 따라갔네
어느덧 그녀의 흰 다리는 버스를 타고 강을 건너

공동묘지 같은 변두리 아파트 단지로 들어섰네
나 대낮에 꼬리 감춘 여우가 사는 듯한
그녀의 어둑한 아파트 구멍으로 따라 들어갔네
그 동네는 바로 내가 사는 동네
바로 내가 사는 아파트!
그녀는 나의 호실 맞은편에 살고 있었고
문을 열고 들어서며 경계하듯 나를 쳐다봤다
나 대낮에 꿈길인 듯 따라갔네
낯선 그녀의 희고 아름다운 다리를

구매자

누가 죽음을 싸다 하는가
죽음은 싸지가 않다
살아 생전 온갖 상품의 구매자였던 당신
당신이 죽으면
당신은 두 눈을 감고
마지막 구매를 해야 한다

죽음은 싸지 않다
당신이 죽으면
장사치들이 똥파리같이 달려들어
(여기서 내가 감히 당신을 똥과 같이 취급하려는 건 결코
아니다)
너에게 대한
점포 정리를 시작한다. 우선
전문적인 염꾼은 너에게
바가지에 가까운 목욕비를 요구한다
그리고 장례사는 최신 유행의
관값을 받을 것이고
전문적인 운구업자는

전국운구업자협회가 정한
협정 운임비를 받아낸다
까다롭게 굴지 말고
그들이 부르는 대로 후하게 주라
시신을 비싸게 파는 자는
천국에 가기 쉬우니
매장업자에게
듬뿍 므덤 판 값을 주고
전문적으로 호곡하는
(지금 당신은 매우 정중하게
극히 전문적으로 다루어지고 있다)
여인들에게 호곡비를 주어라

되도록 너는 많이 벌어놓아야 한다
죽음은 싸지가 않고
너는 많은 사람을 대접해야 할 테니
사람들이 당신의 부덕함을 흉보지 않도록
될 수 있는 한 당신은
푸짐하게 대접해야 한다

산 자를 위해 죽은 자는
돼지머리를 삶고
술을 내고
떡을 구워야 한다.
그리고 그들이 각자의 집으로 돌아가
깨끗이 손발을 닦고
편히 잠들 수 있도록
(왜냐하면 산 자들은 다시 깨어
일어날 일이 많으므로)
하얀 봉투에 섭섭하지 않은
차비를 넣어주어야 한다
그리고도 죽음은 싸지 않다
죽음은 싸지가 않은 것이다
그대는 비석을 세워야 할 것이고
(주민등록을 석판에 새기기 위해)
묘지 관리인에게 관리비를 납부해야 하고
(아파트에서 쫓겨나지 않기 위해)
조화 장수에게 매달의 꽃값을
지불해야 한다.

살아 생전 온갖 상품의 구매자였던 당신
당신은 죽어 비로소
영원한 구매자가 된다
(그야말로 뼈만 남는다)

세일즈맨의 죽음
―― 속, 안동에서 울다

당신은 여수에서 죽은 사내에 대하여
들은 적이 있는가. 새파란 분말의 쥐약을
삼키고 개처럼 죽어간―― 40년을 개처럼 살았던
삶이다――세일즈맨에 대하여 들은 적이
있는가?―― 모른다면, 당신은 신문을 읽지
않은 얼마 되지 않는 정의로운 시민 가운데
한 사람일 것이다――

신문 사회란에 실린 사내의 약간 심약해 보이는
얼굴을 보고 당신은 그가 누구인지 알 수
있을지도 모른다――아, 하고서―― 왜냐하면
그 역시 당신과 똑같이, 흰 수건을 가슴에
달고 다닌 코흘리개 국민학생이었고, 중학생,
고등학생이었으니 말이다. 또 꿈 많은
대학 노트를 옆에 끼고――가끔은 노트 대신
새침한 여학생의 팔짱을 끼고――4년간의 대학
생활을 했고, 풀기 먹은 육군 병장으로 제대를 했다
그 사이, 당신은 그 옆 자리에 앉았던 동료였거나,
같은 학교를 다닌 동문이었거나, 한 축구팀의 선수였을

지도 모른다

여수에서 죽어버린 사내——왜 한 많은 사내들은
여수에 가서 죽는 것일까?——그 사내의
약간 우수에 잠긴 긴 얼굴을 보고 또 얼마나
많은 여자들이 그를 기억해 낼 것인가——전국의
모든 유곽에서, 일제히!——그는 살아 생전 자신의
신세를 혀로 핥고, 주무르고, 사정해 대었으니
그리고 알 만한 창부들은 알 것이다
그가 얼마나 다정다감했던 줄을——비록 향수값을
거운한 그곳에 더 얹어주진 못했어도——

파란 쥐약을 먹고 여관방 쓰레기통을
안은 채 새우처럼 등이 굽어버린 사내에
대하여 들은 적이 있는가. 커다란 첩보원 가방에
월부책 카다로그를 가득 넣고, 전국을 개처럼 돌아다닌
그의 말 없는 가죽구두에 대하여——그의 가죽구두는
네 짝——그 외롭고 큰 네 발에 대하여 당신은
들은 적이 있는가? 가족을 지척에 두고 간이역과

간이역을 내쳐 뛸 때, 그는 깨달았다. 날이 갈수록
집으로 돌아가는 일은 어렵다는 것을

하여 그는 끝장냈다. 더는 울지 않고──언젠가 초라한
여관의 꿉꿉한 이불 위에서 그는 울먹인 적이 있다
끝? 끝? 이라고──스스로의 목구멍을 막았다. 견디지
못하여!──누구도 그것을 막을 수 없다. 그의
생을 우리가 대신 살아줄 수 없는 그 때문에,
우리가 목격하는 자살은 언제나 타인의 몫이 된다
결국, 그것이, 그렇다──

    해버리면, 그것으로 일이 끝난다면
    얼른 해버리는 게 좋을 것이다. mama I love you
    오늘도 사신(死神)을 못 보고 잔다. 아마도 죽음은
    꿈이 없는 잠. 여보, 용서하구려. 회한 속에 몸부림
    쳤고 매일매일 더 잘 해보자고 자신을 격려
    했었오. 박 과장, 더러운 새끼! 휴식과 알코올에
    넘친 어둠. 숙아 아빠가 불쌍하지? 전화 52,
    2158……──그의 검은 수첩 여기저기에 적힌 말들──

진짜 중국 영화

그는 중 거리
강력하고 성깔 있게 생겼다
그가 말했다
허구에 식상하신 여러분!
그러면서 그는
오른손으로 왼팔 옷소매를 걷었다
털이 무성한 팔뚝!
오른손으로 왼팔 옷소매를 걷고서
다시 그는 왼손으로 오른팔 옷소매를 걷어붙였다
털이 무성한 팔뚝에
시퍼런 해골 문신!
그가 말했다
얼핏 흰 눈자위를 보이며
나는 거짓을 좋아하지 않아요!
구경꾼 가운데 곧잘
유언비어를 만들어냈던 청년 몇 사람은
얼른 그의 눈을 피했다
그가 말했다
대역에 속으셨고

특수 효과에 감동했던 여러분
우리 진실해 봅시다!
어느새 그는 날카로운 쇠갈쿠리를
왼손에 움켜쥐었고
해골 문신이 불뚝이는 오른손으로
칼을 꼬나들었다 쓰르렁 쓰르렁 소리 내어 웃는 칼!
구경꾼들은 조금씩 동요하기 시작했다
그가 말했다
묘하게 한쪽 입가를 일그러뜨리며
곧이어 여러분은 진짜 중국 영화를
보시게 되겠습니닷!
말이 끝나는 것과 동시에
왼손에 든 쇠갈쿠리가 허공을 그으며
(이 장면에서 졸도하는 구경꾼이 속출했다 한다)
수조 속에 유유히 놀고 있던 정어리의 싱싱한 아가미를 찍어 올렸다
그리고 죽어라 발버둥치는 그놈의 배를
시퍼런 회칼로 마구 난자한다
피가 튀고 살이 떤다!

그가 말했다
나는 숨막히는 싸실극을 보여줍니다!
(조리대 밑으로 무수히 떨어져 내리는 비늘 속으로
종잇장 같은 구경꾼의 얼굴이
마구 빨려 들어간다)

신식 키친

재래식 부엌을 신식 키친으로 바꾸자
싱크대를 달고 가스렌지 설치하니 너무나 편해
재래식 부엌을 신식 키친으로 바꾸자
부엌까지 끌어온 수도꼭지 빽빽 틀어 과일 씻어놓고
가스렌지 탁탁 켜 계란 구으니 너무나 편해
재래식 부엌을 신식 키친으로 바꾸자
밥상에 실어 안방까지 나를 일 없이
소시지, 버터를 냉장고에서 꺼내 척척 식탁 위에 차리니 너무나 편해
재래식 부엌을 신식 키친으로 바꾸자
토스터를 식탁 위에 올려놓고 누르니 빵이 뻥뻥 튀어오르네
재래식 부엌을 신식 키친으로 바꾸자
칙칙 끓는 포트물로 커피 만들어 마시고
드르륵 믹서 돌려 토마토주스 만드니 너무나 편해
재래식 부엌을 신식 키친으로 바꾸자
간편한 식사가 끝나면,
남편은 포크, 나이프, 접시 등을 싱크대 앞에서 찹찹 씻고

아내는 그 옆에서 콧노래 부르며 그것들을 닦아 찬장에 챙긴다
재래식 부엌을 신식 키친으로 바꾸자
간단한 설거지가 끝나면,
남편은 아내의 입술을 마요네즈가 묻어 있는 후식으로 얻고 나서 출근을 하고
아내는 말끔히 닦여진 식탁 위에 《굿 하으스 키핑》*을 펼친다
재래식 부엌은 신식 키친으로 바꾸자

---

* Good House Keeping, 주부들을 위한 미국의 여성잡지.

아빠

거짓 웃음이 거품 치네
푼돈을 긁어모아 맥도널드를 사 먹는 어린 꼬마들이
그 작은 입술로 거무스레하게 그을은 빵
사이에 끼인 붉은 스테이크를 씹어 들려 할 때는. 거짓
웃음이 거품 치네. 맛있다고 브라운 소스 묻은
빈 손가락을 소리 내어 빨아야 할 때는

거짓 웃음이 거품 치네
맥도널드가 길게 째진 입으로
자신만만 외칠 때는 너무 우스워 눈물이 솟구치네. 세
계인은 모두 맥도널드를 먹는다
구라를 칠 때. 혹은, 세계인의 4분의 1이
매일 맥도널드로 점심을 해결한다고
자랑스레 떠벌일 때는. 그리고 우리의 세금으로
방송되는 라디오에서 이런 노래가 들리는 건 또 어떻고?
아가씨들은 맥도널드를 좋아해
언제 어디서나 맥도널드를 먹어대네

거짓 웃음이 거품 치네

저녁마다 우리의 싱크대 위에서
시어가는 김치 단지를 볼 때. 냉장고 속에서
곰팡이가 먹어대는 식은 밥덩이를 볼 때
어머니, 거짓 웃음이 거품 쳐요! 당신이
하얀 넵킨에 쌓인 맥도널드를
쟁반에 얹어 코카콜라와 함께 내
코 앞에 내어놓을 때, 이것이
너의 아침식사라고 명령할 때, 불현듯
된장찌개가 먹고 싶다고 항변하고 싶을 때

거짓 웃음이 거품 치네
한국 아가씨들의 모든 입에 하나씩의
맥도널드가 물려져 있고. 아무 말
못한 채 눈물만 글썽이며, 마요네즈 소스가 흐르는
느끼한 그것을 곱씹을 때는. 씹지도 넘기지도 못하고
맥도널드가 자꾸 내미는 말랑말랑한 소시지를
입에 넣고 가만가만 녹여야 할 때
당신의 방법이 최고라고 차렷 자세로
말해야 할 때

거짓 웃음이 거품 치네
노린내투성이인 너, 아메리칸
맥도널드가 잔뜩 팽창해지고 거대해진
다리를 들고 목구멍 깊숙이 쳐들어 올 때
웃으며 당신의 전신으로 내 식도와 내장과 항문까지
꽉 채울 때. 왼손으로 내 귓볼을 간지르며 자신에게
아빠, 라고 불러주렴 속삭일 때. 그래
불러주고 말고. 아빠, 아빠 사랑하는 내…… 에라잇
아빠 아빠 아무에게나 펠라티오를 시키는 버릇 없고 건
방진 후레자식!
 I'm sick of your insane demands!*

---

 * 앨런 긴즈버그 Allen Ginsberg의 장시「아메리카」중의 한 구절. 번역하면 〈나는 너의 비정상적인 요구들에 구역질이 나!〉(느낌표는 필자가 덧붙였음.)

작가 연보

1962 경북 달성 출생.
1977 성서중학교 졸업.
1982 시인 박기영을 만나 시를 배우기 시작.
1984 《언어의 세계》 3집에 「강정 간다」 외 4편의 시를 발표.
1985 2인 시집 『성(聖)·아침』 출간.
1987 시집 『햄버거에 대한 명상』 출간. 《동아일보》 신춘문예에 희곡 「실내극」 당선.
1988 시집 『길안에서의 택시 잡기』, 『서울에서 보낸 3주일』 출간. 《세계의 문학》 봄호에 소설 「펠리컨」 발표. 『햄버거에 대한 명상』으로 제7회 〈김수영 문학상〉 최연소 수상.
1989 시집 『통일주의』 출간.
1991 시집 『천국에 못 가는 이유』, 『지하 인간』 출간.
1992 소설집 『아담이 눈뜰 때』와 장편소설 『너에게 나를 보낸다』 출간.
1994 『장정일의 독서일기』와 소설집 『너희가 재즈를 믿느냐』 출간.
1995 희곡집 『긴 여행』 출간.
1996 『장정일의 독서일기 2』, 『서울에서 보낸 3주일』과 장편소설 『내게 거짓말을 해봐』 출간
1997 『장정일의 독서일기 3』, 『펄프 에세이』 출간.
1998 『장정일의 독서일기 4』 출간.
1999 장편소설 『중국에서 온 편지』 출간.
2000 장편소설 『보트 하우스』 출간.

오늘의 시인 총서 22
햄버거에 대한 명상

1판 1쇄 펴냄 • 1987년 3월 30일
1판 13쇄 펴냄 • 1996년 12월 30일
2판 1쇄 펴냄 • 1997년 12월 25일
2판 3쇄 펴냄 • 1999년 12월 10일
3판 1쇄 펴냄 • 2002년 4월 10일
3판 17쇄 펴냄 • 2025년 4월 23일

지은이 장정일
발행인 박근섭, 박상준
펴낸곳 (주)민음사

출판등록 1966.5.19. (제16-490호)
서울특별시 강남구 도산대로1길 62(신사동)
강남출판문화센터 5층(우편번호 06027)
대표전화 02-515-2000 / 팩시밀리 02-515-2007
www.minumsa.com

ⓒ장정일, 1987, 1997, 2002. Printed in Seoul, Korea

ISBN 978-89-374-0622-5 04810
ISBN 978-89-374-0600-3 (세트)

* 잘못 만들어진 책은 구입처에서 교환해 드립니다.